子どもたちに伝えていきたい
すこやかなごはんです。

はじめに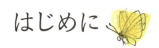

「薬にはなるべく頼りたくない」
アトピー性皮膚炎やぜん息、花粉症など
さまざまなアレルギーのある子どもを持つおかあさんたちがつながり合って
私たち「おかあさんの輪」ができました。
「からだをつくる毎日のごはんで体質を改善させたい」、そう願う仲間です。

子どもたち世代にアレルギーが増えてきているのはどうして……？
私たちは、それぞれの意見や勉強した情報を交換し、励まし合うなかで、
シンプルなことを実践してみることにしました。
それは、「アレルギーが多くなかった頃のごはんに戻ろう！」ということ。
日本で昔から食べられてきたごはんの食べ方、
「お米、味噌汁、お漬け物」を土台とした、穀物・野菜が中心の食事です。
たんぱく質も昔のように、お魚やお豆中心に。
油や砂糖は、少しだけといった具合です。
これを基本にして、私たちは毎日のごはんを作りました。
するとありがたいことに、私たちの子どもは、
からだの根本が整うように、次第に体調が良くなっていったのです。
私たちは、日々のごはんは、からだそのものだと実感しました。

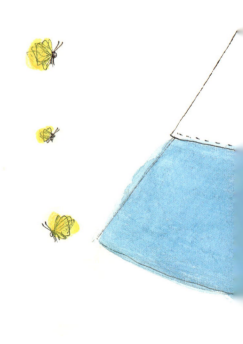

さあ、今日のごはんの買い物に行こう。
私たちはその時、大切にしていることがふたつあります。
ひとつは、旬のものを買うこと。
旬のものは栄養が豊富で、元気をもらえるからです。
もうひとつは、できるだけ身近でとれたものを選ぶこと。
輸入食材よりも、地元に近ければ近いほど、
防腐剤などの薬品使用が少なくて済む食材が多いからです。

私たちがたどり着いた、子どもに良かったごはんの食べ方とレシピを
子どものすこやかな成長を願う方々に届けたい。
そんな想いでこの一冊にまとめました。
皆さんのお役に立てれば嬉しいです。

もくじ

はじめに ——02

基本の食べ方 ——06
主食をお米に ——08
玄米の美味しい炊き方 ——09
お味噌汁の力 ——10
ぬか漬け ——12
だしの取り方 ——13
　精進だし、昆布の佃煮、おかかふりかけ ——14

万能だし ——15
たんぱく質の摂り方 ——16

　菜の花の和えもの ——19
　たけのこの煮もの ——19
　たけのこごはん ——20
　車麩の甘辛 ——21
　大豆とひじきの煮もの ——22
　ベビーホタテの煮もの ——23
　お豆ごはん ——23
　昆布らーめん ——24
　お麩じゃが ——24
　ふきと油揚げの煮もの ——26
　豆あじの唐揚げ ——27
　生姜ごはん ——28
　じゃがいものポタージュ ——28
　三色丼 ——30
　大豆の甘辛炒め ——31
　いんげんの生姜醤油 ——31
　ポテトサラダ ——32
　豆腐バーグ ——33
　野菜餃子 ——34

調味料のこと ——36
朝のごはん ——37

　さわらの唐揚げ ——38
　ちらし寿司 ——38
　春雨サラダ ——40
　いわしの蒲焼き ——41
　ゆでとうもろこしと枝豆 ——42
　そうめん ——42
　ピーマンとなすの炒めもの ——44
　お豆腐ステーキ ——45
　かぼちゃの煮付け ——45
　キャベツの一瞬漬け ——46
　トマトスープ ——46
　しらす丼 ——48
　キャベツ納豆 ——48
　麻婆豆腐 ——49
　ゴーヤーとトマトの炒めもの ——50
　車麩のフライ ——50
　なす丼 ——52
　長芋とズッキーニの醤油漬け ——53
　いろいろ冷や奴 ——53
　和風カレー ——54
　福神漬け ——54
　ねぎとニラのおやき ——56
　ピクルス ——56
　しそジュース ——57

羽を休める ——58

　さんまの塩焼き ——60
　大根葉のふりかけ ——60
　さつまいもごはん ——61
　人参と白たきの炒めもの ——61
　根菜煮 ——62
　菜めし ——62
　すいとん汁 ——64
　すき鍋 ——65
　鮭のムニエル ——66
　炒り豆腐 ——66
　白和え ——68
　大根の塩もみ ——69
　いも天 ——69
　こふきいも ——70
　焼きたらこ ——70
　かぼちゃスープ ——71

揚げと白菜のあんかけ丼 ——72
切り干し大根の煮もの ——73
切り干し大根のおやき ——75
なめたけ ——75

大切な油のこと ——76
毎日の飲みもの ——77

れんこん湯／葛湯 ——78
梅肉エキス／梅醤番茶 ——79

白菜サラダ ——80
豆乳スープ ——80
ほかほか蒸し根野菜 ——82
冬のほうれん草の和えもの2種 ——83
大根ステーキ ——83
いかと里芋の煮ころがし ——84
焼き野菜 ——85
高野豆腐の煮もの ——86
小松菜とじゃこの炒めもの ——87
かぶのおすまし ——87
たらの煮付け ——88
葉野菜ときのこの蒸しもの ——88
コロッケ ——89
白菜漬け ——90
きんぴらごぼう ——91
白菜もりもりスープ ——91
わかめとじゃこの焼き飯 ——92
豆乳鍋 ——92
大根の皮の醤油漬け ——94
かりんシロップ ——94
おでん ——95
卯の花 ——96
冬野菜サラダ ——97

おべんとうあれこれ ——98

子どものごはん―小児科医の目から 相澤扶美子 ——106

おわりに ——108
主な食材別さくいん ——110

この本を使われる方に

● 本書は、著者の実践と経験に基づいた、すこやかに子どもを育てる食育の提案です。消費者庁指定の、アレルギー表示対象27品目を除外した「食物アレルギー対策」のレシピ集ではありません。ただし、特に発症例が多く症状が重いとして表示が義務化されている「特定原材料」の7品目のうち、本書で使用する卵、小麦、えびの3品目はレシピの頁に表示しています。

● 食物アレルギーの方は、材料にアレルゲン(原因物質)が含まれているものは使用しないように、ご注意ください。

● 本書における、著者の子どものアレルギー症状改善の実感は、実体験に基づくものです。アレルギーには個人差があり、原因も症状もさまざまです。

● 紹介する食べ方と料理は、医療行為ではありません。継続して食べることで体質を根本から整えようとするものです。

・材料の分量で(4人分)とあるのは、大人と子ども各2人分をめやすにしています。子どもの食欲は個人差が大きいので、分量は適宜加減してください。

・レシピ内の1カップは200ml、大サジ1は15ml、小サジ1は5mlです。カップや計量スプーンで量りにくいものは、gで示しています。

・調味料の分量はめやすです。味見をしながら、少しずつご家庭の味にしていってください。また、分量の見当がつくものは「適量」としています。

・レシピ内で、野菜を洗う、皮をむくなどの下ごしらえを省略しているものがあります。

アレルギー表示について

原材料に卵、小麦、えびが含まれているレシピには、下のマークを付けています。

 卵　 小麦　 えび

基本の食べ方

お米、味噌汁、お漬け物が
基本の三点

日本は、おいしいお米が採れる国です。
驚くことに、稲作は弥生時代から始まって、
日本人は二千年以上も
お米を食べ続けているのです。
その土地に合う食べものが、
そこに生きる人の、
からだをつくるのだと考えます。
私たちも、先人の食べ方にならって、
お米をたくさんいただきましょう。

日本の発酵食品である味噌や漬け物には、
からだの役に立つ菌を増やす働きがあります。
さらに、漬け物の中でもぬか漬けには、
腸の環境を整えてくれる
植物性の乳酸菌がたくさんいます。
昔は食べていなかった、
ヨーグルトやチーズといった
動物性の乳製品に含まれる乳酸菌より
日本人のからだに合っているのだと、
私たちは実感しています。

この三点を基本にして
ごはんを作りましょう。

主食をお米に

主食をお米に替えてみてください。できれば朝、昼、晩。少なくとも1日2食をおすすめします。

主食をお米にすると、味噌汁が飲みたくなり、自然とおかずも和食が中心になっていきました。ご飯は食品添加物の心配がほとんどなく、砂糖や油も使わないので安心です。そして、腹持ちが良いためか、子どもたちの気分もどっしりと落ち着くようになりました。

栄養をまとったお米、玄米

白米は土に蒔いても芽が出ないのに、玄米は蒔けば芽が出ます。すごいですね、生きているのです。この生きた玄米を美味しく炊いて、生命力をいただきましょう。

白米にするには胚芽やぬかを取ってしまいますが、実はこの中にビタミンやミネラルなど、栄養がたっぷり含まれているのです。それを取り除いてしまうのは、もったいない気がします。

玄米を食べ始めると、玄米に含まれる栄養素が新陳代謝を良くするようで、お腹にたまった便が出るようになりました。また、体内の老廃物を出してもくれるようで、長年、偏った食生活をしていた方が、玄米を食べ始めると、湿疹などが出ることがあるようです。実際、私たちの子どもや、私たち自身にも同じことがありましたが、良く噛み、腹八分目にした食事を続けていたら、ゆっくりですが、症状が治まっていったこ

ともご報告しておきます。

玄米を食べて胃が重くなったり、もたれると言う方は、早食いか大食いに心当たりがありませんか？　良く噛むことを、どうぞ忘れないでください。

玄米にとらわれすぎない

玄米はどうも……という場合や、夏場暑くて食欲がない、また疲れがたまっている。そんな時は内臓も疲れています。良く噛まなければ胃に重い玄米を無理に食べたりせず、分づき米や白米に雑穀を混ぜたごはんをお試しください。分づき米とは、玄米を少し精米したものです。

玄米を精米するにしたがって、三分づき→五分づき→七分づき→胚芽米→白米、となります。分づき米でしたら、炊飯器でも普通に炊けます。いつもより少しだけ長めに水に浸すと美味しくなります。分づき米を手に入れるには、スーパーなどの精米機で玄米を精米するか、お米屋さんにお願いするか、奮発して精米機を購入して自宅で精米するかです。

その分づき米に雑穀を混ぜれば、玄米に負けず劣らずの栄養が得られます。玄米食を無理強いして家族が仲たがいしてしまったのでは元も子もありません。「玄米でなければだめ」とはならずに、「たまには玄米の日をもうけよう」くらいの方が、家族の心もからだも喜びます。

※消化能力が弱い幼児には分づき米をおすすめします。　※玄米を食べて、湿疹が長引くような場合は、医療機関を受診してください。

玄米の美味しい炊き方

土鍋、炊飯器、圧力鍋。玄米の炊き方は色々あります。
ここでは圧力鍋での炊き方をご紹介しますが、
水加減や炊き時間など、メーカーによって多少違います。
自分にしかできない絶妙な炊き方を、どうぞ楽しんで研究してみてください。

※このレシピでは、おもり式の圧力鍋を使用しています。
※お使いの圧力鍋によって水分量、炊き時間を変えてください。

材料

玄米…3合
水…3と1/2カップ
塩…ふたつまみ程

1 玄米を優しく洗って水を変え、を2回ほどくり返し、1時間〜ひと晩水に浸す。ザルに上げ、圧力鍋に入れ、分量の水を入れる。塩を加えて、混ぜる。

2 まず強火で炊き、おもりが勢い良くまわり始めたら、おもりが、わずかに揺れる程度に弱火にし、20分ほど炊く。圧が下がったら蓋をあける。表面に小さな穴がぷつぷつあいていたら美味しく炊けている証拠。

お味噌汁の力

味噌汁はすごいんです。

　味噌の原料の大豆には、私たちの体に必要なたんぱく質や脂質が含まれています。そして、大豆と、だしの材料である煮干しやかつお節には、アミノ酸が豊富に含まれています。味噌汁の具に野菜やわかめを入れれば、さらにミネラルもビタミンも摂ることができます。

　だしは、ぜひ煮干しやかつお節などから取ってください。自然の恵みをいただきましょう。なんといっても香りや美味しさが格段に違います。ひと手間かけただしの香りをかぐと、ふっと心が落ち着きますよね。それは子どもたちも同じようでした。子どもには本物の味を伝えたいものです。この栄養の詰まった味噌汁をできるだけ飲んでほしい。よく発酵した味噌を摂ることで、腸を整えて元気に育ってほしい、そう願っています。

たとえばこんな7種類

かぼちゃとキャベツ

※大豆アレルギーのお子さんには、大豆不使用の味噌で作ってあげてください。
※味噌は煮立たせると風味が損なわれるので、煮立たせないように気をつけてください。

じゃがいもと玉ねぎ

あさり

きのことごぼう

残りもののきんぴらと豆腐

わかめと豆腐と油揚げ

オクラとなすと切り干し大根

乳酸菌、今日も腸をよろしく！
ぬか漬け

お店で買うのもいいけれど、
自分でぬか床を作って、
余り野菜をあれこれ漬ければ、
家計に優しい漬け物が毎日できます。
ぬか混ぜの手間は、
少し気楽に考えてください。
冷蔵保存なら3日休んだって平気！

材料（作りやすい分量）

米ぬか…1kg
塩…250g
水…4〜5カップ
捨て漬け用野菜…適量
（きゅうりやキャベツなどの水分の多い野菜）

※すっぱくなってきたら、発酵し過ぎをおさえるために、粉からしを加えるとよいでしょう。
※お好みで昆布やにんにく、煮干しなどを入れて風味をお楽しみください。
※何日か家を空ける時は、冷蔵庫に入れておくとよいです。
※捨て漬けで使った野菜は、水で塩抜き後、細かく切って油で炒めるとバター風味の美味しいふりかけに！

捨て漬け　　　　　　　　　　本漬け

1 米ぬかは、なるべく新鮮なものを用意する。いつのものかわからない米ぬかは、フライパンで5分程、弱火で焦げないようにから炒りする。

2 米ぬかと塩をよく混ぜ合わせる。水を入れ、しっとりするように混ぜる。

3 発酵促進のため野菜を入れ、1日1〜2回ぬか床を混ぜる。野菜がしんなりしたら取り出し、新しい野菜を入れる。何回かくり返す（2週間程）。

4 野菜に塩適量をすり込んでから、ぬか床に埋め込む。ぬか床がゆるくなったら少しずつぬかを足す。夏場は1日2回、冬場は1回混ぜる。

だしの取り方

だしの取り方は、その家ごとに違うと思います。ほんの一例を挙げますが、
これだな、と思う自己流のだしをみつけてください。

かつおだし

材料（作りやすい分量）

水…1ℓ
かつお節…ひとつかみ（約20g）
昆布…10×5cm程度

1 鍋に水を入れて昆布を浸し、昆布が広がってから強火にかける。沸騰したら、かつお節を入れ、再び沸いたら火を止める。かつお節は手で細かくもんで入れると、ふりかけ（P.14）にする際、刻まずにすむ。

2 ザルでこす。こした後のかつお節はふりかけに、昆布は佃煮に（P.14）。だしを保存する場合は冷蔵庫に入れ、2日以内に使い切る。

煮干しのだし

材料（作りやすい分量）

水…1ℓ
煮干し…5〜10尾程度
昆布…10×5cm程度

※寝る前に、空きビンに煮干しと昆布と水を入れて冷蔵庫に入れておくだけでもだしは取れ、翌朝すぐに使えます。

1 鍋に水を入れ、煮干しと昆布を10分程浸す。強火にかけ、沸騰したら弱火にし、5分程煮て火を止める。

2 煮干しと昆布をザルでこす。こした後の昆布は佃煮に（P.14）。だしを保存する場合は冷蔵庫に入れ、2日以内に使い切る。

忙しい方へ
お手軽精進だし

空きビンなどに干し椎茸と昆布をぽんぽんと入れ、水を注いで冷蔵庫に入れておけば、数時間でできあがり。1分とかからない作業ですので、夜寝る前や、朝の日課にしてみてはいかがでしょう。冷蔵で3日間保存可能です。

だしを取った後の
昆布の佃煮

材料（作りやすい分量）

だしを取った後の昆布…3回分
水…1と1/2カップ
本みりん、醤油…各大サジ2
酢…少々
ごま油、白ごま…各適量

 細切り

 色紙切り

どちらでもお好きな切り方で。

1 だしを取った後の昆布を、細切り、または色紙切りにする。鍋に油をひいて昆布を中火でしばらく炒め、パチパチと音がしてきたら水を入れる。

2 みりんと醤油を加える。酢を足し、強めの中火で煮る。汁気がなくなったら、ごまを振り入れて火を止める。

だしを取った後の
おかかふりかけ

材料（作りやすい分量）

だしを取った後のかつお節…2回分
本みりん、醤油…各大サジ2
白ごま…適量

1 かつお節を細かく刻む。

2 フライパンでから炒りし、だいたい汁気がとんだらみりんと醤油を入れ、再び汁気をとばす。ごまを振り入れ、火を止める。

何にでも使えるだし
万能だし

煮もの、そばつゆ、炒めもの。
これがあれば、味付けが楽にできます。
水を使っていないので、
冷蔵保存で半年ほど持ちます。

材料（作りやすい分量）

かつお節…80〜100g
昆布…10×5cmを2枚程度
干し椎茸…2〜3枚
醤油…1ℓ
本みりん…500〜700mℓ

1 材料をすべて鍋に入れる。かつお節は手で細かくもんでから入れると、だしを取った後におかかにする際、細かく刻まずにすむ。

2 干し椎茸が柔らかくなるまで、1時間程そのまま置く。

3 鍋を強火にかける。沸いたら中火にして5分程煮る。これをザルでこせば万能だしのできあがり。色々な料理に薄めて使うと便利。

4 万能だしを取った後のかつお節は、冷蔵保存で半年程持つ。から炒りして汁気をとばすと、おかかふりかけになる。

※万能だしは、お麩じゃが（P.24）、そうめん（P.42）、すき鍋（P.65）、おでん（P.93）などに使えます。

たんぱく質の摂り方

魚介類からたんぱく質を摂る

日本は海に囲まれた島国です。
お米と同じように、日本で昔から食べられてきた
海からとれたたんぱく質をいただきましょう。
ちりめんじゃこ、小あじ、めざし、ししゃもなど、
丸ごと一匹食べられる小魚なら、
たんぱく質はもとより、カルシウムも摂れます。
お肉を食べないと、たんぱく質が足りないんじゃないの？
と、はじめのうちは気がかりでしたが、心配ご無用。
魚介類や野菜のたんぱく質でも
子どもたちは元気に育っています。
そういえば、キリンやゾウも
草食だけれど、あんなに大きく力持ち。
彼らは、自分の食べるべきもの、
食べる量をちゃんとわかっているのでしょう。
私たちも、その土地が育んだ、体に合った食べ方を
しなければいけないのだと思います。
お肉のことですが、とくに脂の多い肉は消化が悪く、
腸の環境を乱しがちです。
普段はなるべく控え、特別なハレの日などに
召し上がってみてはいかがでしょうか。
きっと、その美味しさは格別ですよ。

植物性のたんぱく質を摂る

私たちの子どもは、アレルギー症状や体の不調で、
内臓が弱っている時、
豆腐や納豆などの大豆の加工食品から
たんぱく質を摂るようにしたら、症状が落ち着きました。
大豆などの豆類は、たんぱく質の宝庫です。
そのうえ、カルシウムや鉄分などのミネラルが
バランス良く含まれています。
豆類にアレルギーがないようであれば、
もっと利用することをおすすめします。

菜の花の和えもの

ほろ苦い春野菜。冬の間、体内に溜まった余分なものを押し出してくれます。

材料（4人分）

菜の花…1束
味噌…大サジ1
酢…大サジ1
きび砂糖…大サジ1/2
水…少々

酢味噌の割合

味噌　酢　砂糖
　2：2：1
　　＋水少々

1　菜の花を洗い、沸騰した湯でほどよい固さにゆでる。ザルにとり、冷ましてから水気を軽くしぼって、食べやすい長さに切る。

2　酢味噌や、ごま、かつお節などで和えていただく。

※写真は酢味噌。

たけのこの煮もの

たけのこ本来の風味を味わうために、
少しずつ味を足してください。
だし要らずの土佐煮です。

材料（作りやすい分量）

たけのこ（水煮でも可）…1本（250ｇ前後）
醤油…大サジ1
本みりん…大サジ1
水…1カップ強
かつお節…ひとつかみ

米ぬか（アク抜き用）…ひとつかみ

アク抜きの仕方

1　根本を切り落とす。皮は外側を何枚かむき、一枚ごと包丁で切れ目を入れる。

2　火が通りやすいように、たけのこの先端を斜めに切り、縦にも切れ目を入れる。

3　鍋にたけのことたっぷりの水、米ぬかを入れ、落とし蓋をして火にかける。30分程煮て、竹串がすーっと通れば完成。火を止めて冷めるまでそのままおく。

煮付け方

たけのこは皮をむいてさっと洗い、食べやすい大きさに切って鍋に入れる。水と、醤油、みりんを加え、中火で5分程煮る。かつお節を入れ、弱火で2分程煮て火を止める。

たけのこごはん

たけのこのような勢いで
ぐんぐん元気になりますように。

材料（作りやすい分量）

たけのこの水煮…150〜200g
米…3合
油揚げ…1枚
昆布…15×3cm程度
塩、醤油…各適量

※昆布は、炊き終わった後に取り出し、細切りにして混ぜ合わせると無駄になりません。

1 米は研いで、30分水に浸してから水気をきる。油揚げは熱湯に入れ、ゆらしたり、押さえたりして油抜きをする。こうすることで、味が染み込みやすくなる。

2 たけのこと油揚げは細切りにする。

3 炊飯器に米と、3合の目盛りまで水を入れる。塩は少し塩気を感じる程に、醤油はほんのり色づく程度に入れ、たけのこと油揚げを加えて混ぜ、昆布をのせて炊く。

車麩の甘辛

食欲がない時にも
するっと食べやすいおかずです。

材料（4人分）

車麩（原材料：小麦）…4枚
だし…2カップ
醤油…大サジ1〜1と1/2
本みりん…大サジ1〜1と1/2
片栗粉、菜種油…各適量

1 だし、みりん、醤油を合わせた汁に車麩を浸し、やわらかく戻す。

2 汁気を軽くしぼり、食べやすい大きさに切ったら、片栗粉を全体にまぶす。絞った汁はとっておく。

3 フライパンにやや多めの油を中火で熱し、両面を軽く焦げ目がつくくらいに焼く。

4 車麩をしぼった汁を、フライパンに流し込む。ときどき返しながら煮汁がなくなるまで、中火のままで煮詰める。

大豆とひじきの煮もの

玉ねぎを入れると甘みが増します。
多めに作ってひと晩おくと
味が染みこみ、これまた美味しい！

材料（作りやすい分量）

ゆで大豆（水煮でも可）…100g
乾燥ひじき…10g
人参…1/3本
玉ねぎ…1/4コ
油揚げ…1/2枚
こんにゃく…1/6枚
塩、水、醤油、本みりん、ごま油…各適量

調味料の割合

醤油　本みりん
　2　：　1

1 こんにゃくは塩を振ってよくもみ、アクと余分な水分を抜いて水で洗い流す。ひじきは水で戻し、ザルに上げる。油揚げは熱湯に浸し、油抜きしておく（P.20参照）。

2 人参、こんにゃく、油揚げを細く切る。玉ねぎは細く短く切る。

3 鍋にごま油を中火で熱し、大豆以外の具材をざっと炒める。大豆を加え、ひたひたより少なめに水を加える。

4 味をみながら、醤油とみりんを少しずつ足し、煮ていく。煮汁が少なくなり、玉ねぎと人参がやわらかくなったら、最後にもう一度味をみて調える。

ベビーホタテの煮もの

甘辛いのでごはんがすすみます。
お弁当のおかずやおつまみにも、
もってこいです。

材料(作りやすい分量)

ベビーホタテ…10〜18コ
白たき…1パック(160g前後)
生姜…1片
塩、水、醤油、本みりん
…各適量

調味料の割合

醤油　本みりん
　2　：　1

1 白たきは臭みやアクをとるため、塩でもんでから水洗いし、食べやすい長さに切る。生姜は千切りにする。

2 鍋に白たきと生姜を入れ、白たきの半量程の水を入れて強火にかける。醤油、みりんで調味し、煮立ったら弱火にし、ベビーホタテを入れる。途中味をみながら煮含める。

お豆ごはん

春の豆です、グリンピース！
飾りにするだけではもったいないほど
たくさんの栄養が詰まっています。

材料(作りやすい分量)

グリンピース…1パック(50g前後)
米…3合
昆布…15×3cm程度
塩…適量

1 米は研いで、30分水に浸してから水気をきる。炊飯器に米と、3合の目盛りまでの水とグリンピースを入れる。塩は少し塩気を感じるほどに入れ、昆布をのせて炊き上げる。

2 炊き上がったら、ごはんと豆を潰さないようほぐす。

昆布らーめん

海藻類は水溶性食物せんいが多く、
便通を促進してくれます。
切り昆布は安価で、懐にも優しいんですよ。

材料（4人分）

切り昆布（生）…50g
きのこ（写真は舞茸）…1/2パック
長ねぎ…1/2本
春雨…20g
水…3カップ
醤油、塩、ごま油…各適量

1 切り昆布はざっと洗い、食べやすい長さに切る。舞茸は食べやすくほぐす。ねぎは千切りに。

2 鍋にごま油をひいて中火にかけ、ねぎ、切り昆布、舞茸を入れ、舞茸がしんなりするまで炒める。

3 水を注ぎ、うっすら色づく程度に醤油を加え、強火にかける。沸いたら中火にし、5分程煮る。

4 春雨を加え、さらに5分程煮る。塩で味を調える。

お麩じゃが

コクの出る仙台麩がおすすめです。
スーパーで見かけたら、
どうぞお試しください。

材料（作りやすい分量）

仙台麩…小2本（または車麩2枚）
じゃがいも…大2コ
玉ねぎ…1コ
人参…1/2本
白たき…1パック（160g前後）
だし…2カップ程度
醤油…大サジ2〜3

本みりん…大サジ1
塩、油…各適量

※麩の原材料：小麦
※車麩の場合は、水で戻してからちぎる。

1 じゃがいもは一口大に、玉ねぎは大きめのくし形切りに、人参は皮ごと小ぶりの乱切りにする。仙台麩は適当な大きさに切っておく。

2 白たきは塩でもみ、水で洗い、食べやすい長さに切る。

3 鍋に油を少し入れて中火で熱し、玉ねぎ、人参、じゃがいも、白たきを加え、全体に油がまわるよう炒める。ひたひたより少なめにだしを加える。

4 醤油とみりんで調味し、蓋をする。煮立ったら、弱火にして仙台麩を煮汁に浸るように入れる。人参に火が通ったら、味をみて調える。

ふきと油揚げの煮もの

太いところは細めに切ると
結構ぱくぱく食べますよ。

材料(すべて適量)

ふき
油揚げ
だし
醤油、本みりん

調味料の割合

醤油　本みりん
　2　：　1

1 ふきは葉をとり、茎を鍋に入る長さに切って、1〜2分ゆでてアク抜きする。

2 ゆでたふきは筋をとり、食べやすい長さに切る。油揚げは油抜きし(P.20参照)、細切りにして鍋に入れる。

3 ひたひたより少し少なめにだしを入れ、中火にかける。味をみながら、醤油とみりんで味付けし、歯ごたえが残る程度まで煮る。

豆あじの唐揚げ

良質な脂を含む青魚。
時間をかけてカリッと揚げてください。
揚げたては格別です。

材料（すべて適量）
―――――――――
豆あじ（小あじ）
国産小麦粉（または米粉）
塩
揚げ油

※塩を振りかけたり、
酢醤油などでいただくと美味しい。

1 豆あじの内臓をとる。両えらをひろげ、胸びれの下あたりをつまんで引き上げると内臓がスルスルととれる。

2 腹の中を流水で洗い、キッチンペーパーなどで水気をしっかり拭きとる。

3 豆あじに塩少々を振りかけ、小麦粉を薄くはたく。160℃の低温の油で8〜10分、骨がカリッとするまで揚げる。

生姜ごはん

食べればぽかぽか新生姜。
体を内側から温めましょう。

材料（作りやすい分量）

新生姜（生姜）
…3片（約30g）
米…3合
油揚げ…1/2枚
昆布…15×3cm程度
塩、醤油…各適量

※昆布は、炊き終わった後に取り出し、細切りにして混ぜ合わせると無駄になりません。

1 米は研いで30分水に浸してから、水気をきる。新生姜は皮ごと短めの千切りにする（新生姜でない場合は皮をむく）。油揚げは油抜きをし（P.20参照）、なるべく細かく切る。

2 炊飯器に米を入れ、3合の目盛りまで水を注ぎ、生姜、油揚げ、昆布を入れる。少し塩気を感じる程に塩を入れ、うっすら色づく程の醤油を加え、くるりとかき混ぜてから炊き上げる。

じゃがいものポタージュ

玉ねぎを、じっくり炒めることで、
甘みのある美味しいスープになります。
パセリや青のりで彩りを添えて。

材料（4人分）

じゃがいも…大3〜4コ
玉ねぎ…1コ
水…適量
塩、菜種油…各適量
パセリや青のりなどの飾り…少々

1 じゃがいもは5mm程の厚さの輪切りに、玉ねぎは薄切りにする。

2 鍋に油をひき、中火で玉ねぎをしんなりするまで炒める。じゃがいもを加え、かぶるくらいの水を入れたら蓋をし、火が通るまで煮る。

3 2の粗熱がとれたらミキサーにかけ、鍋に戻す。

4 弱火にかけ、かき混ぜながら好みの濃さになるまで水でのばす。塩で味を調え、仕上げに青みを加える。

三色丼

ごはんと一緒に食べるので、
しっかりめの味付けがおすすめです。
味見しながら仕上げてください。

材料(4人分)

高野豆腐のそぼろ煮
高野豆腐…2枚
だし…1カップ
醤油…大サジ1〜1と1/2
本みりん…大サジ1

人参の塩ゆで
人参…1/3〜1/2本
塩…適量

青菜の醤油和え
青菜(写真はほうれん草)…1/2〜1束
醤油、ごま油、白ごま…各適量

ごはん…適量

みょうがや生姜の甘酢漬け…適宜

1 高野豆腐は水で戻す。軽くしぼって細かく刻み、鍋に入れる。だし、醤油、みりんを加え、強火で煮含める。

2 人参は皮ごと千切りにし、鍋に入れる。ひたひたの水と、ほんのり塩味がするよう塩を加え、蓋をして中火でやわらかくなるまで煮含める。

3 ほうれん草はゆでて水気をしぼり、1cm程に刻む。味をみながら醤油で調味し、ごま油少々と白ごまを加えて和える。

4 ごはんの上に、それぞれをふんわり盛ってできあがり。あればみょうがや生姜の甘酢漬けなどを添えると、色が引き締まる。

大豆の甘辛炒め

お腹にたまったものを出して掃除する。
こんにゃくは昔から「お腹の砂下ろし」と
重宝されている食べものです。

材料（作りやすい分量）

ゆで大豆（水煮でも可）…100g
こんにゃく…1/2枚
長ねぎ…1本
醤油…大サジ1～1と1/2
本みりん…大サジ1　塩、菜種油…各適量

1 こんにゃくは塩もみして臭みを消し、手やスプーンなどでひと口大にちぎる。ねぎは小口切りにする。

2 フライパンに油を中火で熱し、こんにゃく、大豆を炒める。醤油とみりんで調味し、汁気がなくなり、照りが出てきたらねぎを加え、ざっくり炒めて火を止める。

いんげんの生姜醤油

育ち方に勢いのあるいんげん。
たくさん食べて力にしよう！

材料（作りやすい分量）

いんげん…1袋
生姜…1/2片
塩…少々
醤油、菜種油…各適量

1 いんげんは、ヘタを切り落とし、食べやすい長さに切る。生姜はすりおろす。

2 フライパンに油をひいて中火にかけ、生姜を加え、いんげんを炒める。しんなりしたら、塩を振り、仕上げに醤油をまわしかけ、からませる。

ポテトサラダ

熱いうちに潰して、
ヘラでなめらかにすると、
クリームのような風味が楽しめます。

材料（4人分）

じゃがいも…大3～4コ
人参…1/3本
玉ねぎ…1/4コ
菜種油（またはオリーブオイル）
…小サジ1
酢…少々
塩…適量

1 じゃがいもは皮ごと4等分くらいに切る。人参も皮ごと細切りにする。じゃがいもと人参をやわらかくなるまで蒸す。

2 玉ねぎは薄く切って、数分水にさらした後、水気をしぼり、少しの塩でもんでおく。

3 蒸し上がったじゃがいもは、皮をむいてボウルに入れ、固まりがなくなるまでつぶす。

4 3に人参、玉ねぎを合わせる。油、酢を加え、ざっくり混ぜ、味をみながら塩で調える。

豆腐バーグ

豆腐の水切りさえしておけば、
あっという間にできてしまいます。
ソースはさっぱりとした、酢醤油がおすすめです。

材料(4人分)

木綿豆腐…1丁
しらす…1/2カップ(約50g)
長ねぎ…1本
片栗粉…大サジ3
菜種油…適量
大葉(または大根おろし)…適宜
酢、醤油…各適量

※豆腐の水切りは重しをしたり、急ぎの時はふきんでくるみ、きゅっとしぼると早いです。

1 豆腐は水切りする。ねぎは、すべて小口切りにする。

2 ボウルに豆腐、しらす、ねぎ、片栗粉を入れて混ぜ合わせ、豆腐を細かくほぐしながら4等分する。小判形に成形する。

3 フライパンに油を中火で熱し、2のタネを入れて、美味しそうな焼き色がついたら返す。蓋をして2〜3分弱めの中火で蒸し焼きにして火を止める。あれば大葉を添える。

野菜餃子

子どもと一緒に包むと
おもしろい餃子ができて、盛り上がりますよ。

材料（25コ分）

キャベツ…1/8コ
ニラ…1/3束
蓮根…50g（刻んでカップ1/4程度）
椎茸…2枚
おから…1カップ弱（野菜の3割程度）
餃子の皮…1パック（25枚入り）
塩…小サジ1/2程度
ごま油、水…各適量

※餃子の皮の原材料：小麦

具が余ったら、小麦粉と、もったりするくらいの水を加えて
フライパンで焼くと、おやきになります。みりん醤油の甘辛タレでどうぞ。

1 野菜はすべてみじん切りにしてボウルに入れ、おからと塩を加える。

2 具材全体がしっとりするように、手でもみながら混ぜ合わせる。

3 皮の中央に具をのせ、合わせる部分に水をつけ、ひだをつけながら閉じる。

4 ごま油をひいて熱したフライパンに並べ、中火で1分程焼く。

5 フライパンにうっすらはる程度の水を注ぎ、蓋をして蒸し焼きにする。水分がなくなってピチピチと音がしてきたら蓋をとる。

6 ごま油を鍋肌から少量まわし入れ、フライパンを傾けて全体に行き渡らせる。しばらく中火を保ち、焼き面を見て、美味しそうな焦げ目がついたらできあがり。

調味料のこと

　世の中には選ぶのに迷ってしまう程、たくさんの調味料が売られています。値段も様々です。安いものには理由があり、高いものにも理由があります。

　私たちの選ぶ基準は、昔ながらの伝統的な作り方をしているかどうか、天然の材料で作られたものなのかどうかです。

　単時間で効率のよい生産のために、薬品や添加物を使ったりせず、手間ひまを惜しまず作られたものには、味に深みがあります。少しの量で素材の美味しさを引き立ててくれるので、本書のような穀物、野菜中心のシンプルなお料理にぴったりです。私たちはこの味を次の世代にも継ぎたくて、家計が許す限り、時間をかけて、ていねいに作られた調味料を選ぶようにしています。

　質の良いものを作る生産者から購入する。そのような流れが、これからの子どもたちにも、自分にも「健康」というかたちで返ってくるのだと考えています。

　ここではこの本でよく使用する三つの調味料について、説明します。

醤油

　醤油の主原料は大豆、小麦です。作る過程で麹や塩を使います。昔ながらの製法のものは、この材料をじっくり熟成させ、1年以上かけて作ります。そうやってできあがったものは、そのまま水で薄めて、そばつゆにしてもいいくらいうまみがあります。裏の原材料表示を見て、アルコールや脱脂加工大豆、食品添加物などを使用していないものをおすすめします。

本みりん

　本みりんの原料はもち米、麹、焼酎です。この原料で作ったみりんは、飲める程に美味しく、素材のうまみを引き出してくれます。こちらも2カ月〜1年程の歳月をかけて作ります。化学調味料を使っている、みりん風調味料ではなく、本みりんを選びましょう。

塩

　岩塩や天日塩を、ぜひ選んでください。それらの塩にはマグネシウム、カルシウムといったミネラルが含まれており、味もまろやかでうま味があります。精製された食塩と呼ばれる塩は、残念ながら作る過程で、それらのミネラルが取り除かれているため、味が単一です。毎日口にするものですから、味わいのよいものを使いたいものです。

朝のごはん

　朝ごはんは迷うことなく、基本の三点、お米、味噌汁、お漬け物、毎日これの繰り返しです。お米は、食の細い子にはおむすびにすると、きっと食べますよ。

　毎朝お味噌汁？　大変！　と思われるかもしれませんが、味噌汁は昨夜の残り物で充分です。前の日の晩に多めに作っておきましょう。具だくさんにすると野菜も摂れていいですね。漬け物も、さっと塩でもみこむだけの浅漬けもいいし、市販の漬け物でもいいと思います。なるべく添加物の少ないものを選んでください。

　育ち盛りの子どもには、たんぱく質が摂れるもう一品を加えると、より力になるでしょう。もう一品と言ってもがんばって作るのではなく、納豆や、佃煮、めざし、昨夜のおかずの残り。そんなすぐ出せるものでいいのです。これで元気に1日のスタートがきれます。

基本の三点ともう一品

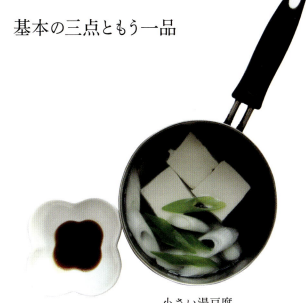

小さい湯豆腐
小鍋に少しの豆腐と、長ねぎ、昆布を煮たもの。

納豆

しらす

焼きめざし

昨夜の残りのおかず
切り干し大根の煮もの

手作りふりかけ
白ごま、青のり、かつお節、醤油、各適量を混ぜ合わせる。

揚げの醤油焼き
油抜きした油揚げに醤油をもみこみトースターで4分程焼く。

さわらの唐揚げ

切り身は薄いので、少しの揚げ油ですみます。
おべんとうにも好評です。

材料(4人分)

さわら(または、さごち)の切り身…4切れ
片栗粉…大サジ4
塩…少々
酒、揚げ油…各適量

1 さわらは1切れを2等分に切り、酒と塩を振っておく。さわらの水気を拭き取り、片栗粉を両面にまぶす。

2 170℃の油できつね色にからりと揚げる。酢醤油や、塩を振り、柑橘類をしぼっても美味しい。

ちらし寿司

お祝い事の日だけでなく、
暑い日にも喜ばれます。
酢飯は食が進みますよ。

材料(作りやすい分量)

米…3合
合わせ酢
酢…大サジ5
きび砂糖…大サジ2
塩…小サジ2

具材1
椎茸…3枚　油揚げ…1枚
水…適量
きび砂糖、醤油…各大サジ1

具材2
蓮根…50g(薄いいちょう切り)
人参…1/4本(細切り)
いんげん…5本程度(薄切り)
水…適量　塩…ふたつまみ
きび砂糖…小サジ1

酢飯

1 ごはんを普通に炊き、混ぜ合わせておいた合わせ酢と温かいうちに混ぜる。

具材1

2 油揚げは油抜きして(P.20参照)細切りに、椎茸は石突きをとって細切りにする。鍋に入れ、ひたひたの水と砂糖、醤油を加え、中火で汁気がなくなるまで煮る。

具材2

3 人参、蓮根を鍋に入れ、ひたひたの水、塩、砂糖を加え中火で人参がやわらかくなるまで煮る。火を止める1分前にいんげんを加えて煮る。ザルに上げ、水気をきっておく。

4 煮含めたそれぞれの具材を酢飯に加え、ざっくりと混ぜ合わせたり、上にちらしたりする。

春雨サラダ

子どもたちに大人気の春雨。
野菜も同じお湯を使い回して作ると
早く仕上がります。

材料（4人分）

春雨…40g
人参…1/4本
きゅうり…1/2本
もやし…半袋
醤油…大サジ1強
酢…小サジ1
ごま油…小サジ1
塩…少々
ごま…適量

1 もやしは洗い、人参は皮ごと細切りにする。きゅうりは細切りにしてから塩でもみ、水気をしぼる。

2 春雨をゆでる。ゆで上がったらザルに上げ、水にさらして水気をきり、（この時、ゆで汁を残し、次のゆでものに利用する）食べやすい長さに切る。

3 2の湯で固い人参を先に湯に入れ、同時にゆで上がるように時間差でもやしを入れる。粗熱をとって、水気をしぼっておく。

4 ゆでた具材にきゅうりを合わせ、酢、ごま油を加える。味をみながら醤油と、ごまを加えて和える。

いわしの蒲焼き

お店で開いてあるいわしを買って
気楽に作ってみてください。
お好みで山椒を振っても。

※付け合わせ野菜は、魚を調理する前に作ります。
手やまな板に臭みがうつるのを防げます。

材料（4人分）

いわしの開き…4尾
醤油…大サジ2
本みりん…大サジ2
酒…大サジ1
片栗粉、菜種油…各適量

付け合わせ野菜
キャベツ、人参、塩…すべて適量

1　醤油、みりん、酒を合わせてタレを作る。

2　いわしは、2等分に切り、両面に片栗粉をまぶす。

3　フライパンに油を中火で熱し、身の方から焼く。両面焼き色がついたら、タレを加え、沸いたら裏に返す。両面にタレをよくからめて火を止める。

付け合わせ野菜

人参は薄く切る。キャベツはざく切りに。歯ごたえが残る程度に人参をゆで、キャベツはさっとゆでる。ザルに上げて、水気をしぼり、塩を振って混ぜる。

ゆでとうもろこしと枝豆

シンプルだけど力になる！
たんぱく質、ミネラル、ビタミンが豊富です。

材料（すべて適量）

とうもろこし

枝豆
塩

とうもろこし
鍋に湯を強火で沸かし、皮をむいたとうもろこしを入れて3〜4分ゆでる。取り上げた後、冷水にくぐらせると粒がシワにならない。

枝豆
枝豆に塩をまぶしてもみこむ（塩の分量は、ゆで水1ℓで大サジ2強）。塩は洗い流さず、熱湯で5分程ゆでる。ザルに上げ、そのまま冷ます。

そうめん

食欲の落ちる夏に重宝するそうめん。
つけ汁の中に具を加えて栄養も一緒に摂ってしまおう。

油揚げのつけ汁
材料（すべて適量）

油揚げ
長ねぎ
水、醤油、本みりん
万能だし（p.15）
（またはめんつゆ）

モロヘイヤのつけ汁
材料（すべて適量）

モロヘイヤの葉
万能だし（p.15）
（またはめんつゆ）

油揚げのつけ汁

油揚げは油抜きして（P.20参照）細かく切り、ねぎは小口切りにしてすべて鍋へ。水、醤油、みりんを同量ずつ具が半分隠れる程度に入れ、煮含めて冷ます。これを万能だしを薄めたものに加える。

モロヘイヤのつけ汁

モロヘイヤの葉は、20秒程ゆで、粘りが出るまで刻む。万能だしを薄めたものに加える。

そうめんは、表示のゆで時間よりやや早めにザルに上げる。水を2〜3回かえて洗い、ぬめりを落とす。

※2種のつけ汁には、ごまや、ねぎ、大葉などを薬味を入れても。
※そうめんの原材料：小麦

ピーマンとなすの炒めもの

夏が旬のピーマンとなす。
たくさん炒めて大きなひと皿に。

材料（4人分）

ピーマン…4コ
なす…2本
塩…適量
醤油…適量
菜種油…大サジ1強

1 ピーマン（種は取り除く）となすを、食べ応えがあるよう、大きめに切る。

2 フライパンに多めの油を中火で熱し、ピーマンとなすを蓋をして焼きつける。焼き色がついたら裏返して弱めの中火にし、蓋をして蒸し焼きにする。

3 やわらかく焼けてきたら、塩と醤油で調味する。

お豆腐ステーキ

なあんだ、お豆腐、なんて言わせませんよ。
熱いうちにいただきましょう！

材料（4人分）

木綿豆腐…2丁
長ねぎ…1/2本（青いところも使う）
国産小麦粉（または米粉）…適量
醤油…大サジ2
酢…少々
ごま油…適量

1 豆腐は水きりする。ねぎは小口切りにする。豆腐を2つまたは4つに切り、全体に小麦粉をはたく。フライパンに油をやや多めにひいて中火で熱し、豆腐の両面と側面すべてをこんがりと焼く。

2 豆腐を皿に移す。同じフライパンに少し油を足して、弱火でねぎをしんなりするまで炒め、醤油と酢で甘酸っぱいタレを作る。豆腐にまわしかける。

かぼちゃの煮付け

たくさんの栄養がつまったかぼちゃは
どっしり頼れる大物です。
味付けは薄めに、素材の甘みを楽しんで。

材料（作りやすい分量）

かぼちゃ…1/4コ
油揚げ…1/2枚
だし（または水）…2カップ
本みりん…大サジ1
醤油…大サジ1

1 かぼちゃは大きめに切り、面取りする。そうすると煮くずれしにくく、美味しそうに仕上がる。油揚げは油抜きして（P.20参照）、短冊切りにする。

2 鍋にかぼちゃと油揚げを入れ、だしを加えて中火にかける。沸いたらみりん、醤油も加え、落とし蓋をして煮汁が少なくなるまで煮る。

キャベツの一瞬漬け

これだけでも立派な副菜。
化学調味料を使わなくてもこれで充分です。

材料(作りやすい分量)

キャベツ…1/4コ
人参…1/4コ
きゅうり…1本
昆布…3×3cm程度
塩…適量

1 キャベツは手でひと口大にちぎる。人参は千切りに、きゅうりは薄い輪切りにする。昆布ははさみで細く切る。ボウルに野菜と昆布を入れ、塩を加え、味見しながらもみこむ。

2 すぐにでも食べられるが、重しをして1時間くらいおくと、野菜の水分が出て味がまろやかになる。

トマトスープ

たくさんの栄養がつまった
具だくさんのスープです。

材料(4〜5人分)

玉ねぎ…1コ
人参…1/2本
しめじ…1パック
キャベツ…1/4コ
ズッキーニ…1本
ゆで大豆(または水煮)…適量
にんにく…1片

ホールトマト缶…1缶
水…2カップ(トマト缶と同量)
醤油…大サジ1
きび砂糖…大サジ1
塩…適量
オリーブオイル…適量

1 野菜をそれぞれ食べやすい大きさに切る。しめじは石突きをとり、バラバラにする。

2 鍋に油をひき、にんにくと玉ねぎをしんなりするまで、弱めの中火でゆっくり炒める。

3 すべての野菜と大豆を入れ、水を加えたら蓋をして強火で煮る。沸いたら弱火にし、キャベツがしんなりするくらいまで煮る。

4 トマト缶を加え、木ベラでトマトをくずし、再び蓋をして弱火でじっくり煮込む。人参がやわらかくなったら、醤油、砂糖、塩で調味する。

しらす丼

骨ごとすべて食べられる小魚は、
カルシウムも摂れる力強いたんぱく源です。

材料（すべて適量）

しらす
ごはん
水菜（または三つ葉やチンゲン菜）
のり、醤油
大葉…適宜

1　水菜はさっとゆがいて水気をしぼり、しらすと同じくらいの長さに切る。

2　ごはんの上に、ちぎったのり、水菜、しらす、千切りした大葉をこんもりのっけていく。醤油をまわしかけていただく。

キャベツ納豆

混ぜ合わせるだけで
バランスのとれた一品に。

材料（すべて適量）

キャベツ
ひきわり納豆
白ごま
青のり
かつお節
醤油

1　キャベツは食べる分だけ千切りにする。

2　ほかの材料を好みで適量ずつ混ぜ合わせ、醤油をかけていただく。
※かつお節は手の中でもみほぐして、細かくして入れると口当たりがいい。

麻婆豆腐

味噌を八丁味噌や、
甜麺醤(てんめんじゃん)に代えると色濃く、
食欲をそそる本格的なひと皿になります。

材料(4人分)

絹ごし豆腐…1丁
長ねぎ…1本
ニラ…1/2束
干し椎茸…2〜3枚
干し椎茸の戻し汁…2カップ
味噌…大サジ3
醤油…大サジ2
本みりん…大サジ2

水溶き片栗粉
…片栗粉大サジ2を同量の水で溶く
にんにく…1片
生姜…1片
ごま油…適量

※好みで粉山椒や、
大人は3に豆板醤を入れても。

1 干し椎茸は2カップ強の水に3時間以上浸して戻す(戻し汁はとっておく)。やわらかくなった干し椎茸とねぎ、ニラを細かく切る。にんにく、生姜はみじん切りに。

2 豆腐を2cm角に切り、沸騰した湯で1分程ゆで、ザルに上げておく。この一手間でぷりぷりとした食感になる。

3 味噌、醤油、みりん、戻し汁を合わせておく。

4 フライパンにごま油を中火で熱し、切った野菜をざっくり炒める。合わせた調味料と豆腐を加え、3〜5分煮る。弱火にして水溶き片栗粉を加え、とろみをつける。

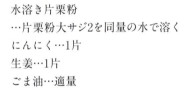

ゴーヤーとトマトの炒めもの

野菜のうまみと醤油味の染み込んだ油揚げが、ごはんにぴったり。

材料(4人分)

ゴーヤー…1/2本　トマト…大1コ
油揚げ…1枚
水…大サジ2
醤油…大サジ1　菜種油…適量

1 ゴーヤーはスプーンで種とわたをくり抜き、厚さ3mm程の輪切りにする。トマトは乱切りに、油揚げは油抜きをし(P.20参照)、半分に切ってから千切りにする。

2 フライパンに油を中火で熱し、ゴーヤーを油がまわるまで炒める。水を入れ、蓋をして弱火で3分焼く。フライパンに油少々を足し、油揚げとトマトを加え、1分程炒めたら醤油を入れて混ぜ合わせ、火を止める。

車麩のフライ

そのまま食べても美味しいし、醤油やソースもおすすめです。アツアツのうちに召し上がれ。

材料(4人分)

車麩…4枚
だし…1カップ
醤油…大サジ1
本みりん…大サジ1
にんにく…1片
国産小麦粉、水、パン粉…各適量
菜種油(またはオリーブオイル)…適量

※車麩、パン粉の原材料：小麦

1 だしに、すりおろしたにんにくと、醤油、みりんを入れ、車麩をやわらかくなるまで漬けておく。水気をしぼり、食べやすい大きさに切る。

2 小麦粉と水をおよそ1：1の割合でさっくりと混ぜ合わせ、たらりと落ちる程のゆるさにする。

3 車麩に2をつけてパン粉をまぶす。

4 180℃の高温の油で、こんがり美味しそうな色に揚げる。

なす丼

揚げ油は、少なめで大丈夫です。
甘辛いタレは食が進みます。

材料（すべて適量）	タレの割合
なす	醤油　本みりん　水
ごはん	2　：　1　：　1
国産小麦粉（または米粉）	
醤油	
本みりん	
水	
菜種油（揚げ油）	
大葉（あれば）	

1 なすは縦3枚に切り、皮目には火が通りやすいように隠し包丁を入れる。大葉は千切りしておく。

2 小麦粉と水を1：1の割合で合わせ、衣を作る。粉気が残るくらいにさっくりと混ぜ、なすにからませる。

3 180℃の高温の油で、うっすら茶色く色づくまでからりと揚げる。

4 別の鍋で甘辛いタレを作る。醤油、みりん、水を入れて火にかけ、沸いたら火を止めて揚げたなすをくぐらせる。残ったタレ適量をごはんにまわしかける。

長芋とズッキーニの醤油漬け

アツアツごはんにのせてみてください。
ほんのり卵かけごはんの風味もするんですよ。

材料（作りやすい分量）

長芋…細め7cm程度
ズッキーニ…1本
醤油…1/2カップ

※冷蔵で3週間保存可能。

1 長芋は皮をむいて細かい角切りに、ズッキーニは皮ごと、同じ大きさの細かい角切りにする。

2 清潔なビンに長芋とズッキーニを入れ、醤油を注ぎ入れる。ビンをくるりとまわして全体に醤油をなじませる。
※時間がたつと野菜から水分が出て、すべて漬かる。

いろいろ冷や奴

お豆腐の上にいろいろなものをのせると、
しっかりとした一品になります。
他にも玉ねぎ、きゅうり、海藻類も合いますよ。

モロヘイヤの冷や奴	きのこの冷や奴
材料（すべて適量）	材料（すべて適量）
絹ごし豆腐	絹ごし豆腐
モロヘイヤの葉	しめじ
醤油	長ねぎ
	本みりん、醤油、ごま油

モロヘイヤ

モロヘイヤの葉は、さっとゆで、粘りが出るまで刻む。軽く水切りした豆腐にのせ、醤油をかける。

きのこ

しめじは石突きをとってバラバラに、ねぎは小口切りにする。フライパンに油を強火で熱し、しんなりするまで炒める。醤油とみりん1：1の割合で甘辛く調味し、汁気が少なくなるまで炒める。

和風カレー

急いでいるときは
野菜を小さく切ると早く煮えます。
後味が舌に残らない手作りルーです。

材料（4人分）

玉ねぎ…2コ
人参…1/2本
じゃがいも…2〜3コ
にんにく…1片
かつお節…ひとつかみ
菜種油…大サジ2
国産小麦粉…大サジ2

カレー粉…大サジ1/2
水…3カップ
味噌…小サジ1
醤油…大サジ1
塩…ふたつまみ程

1 玉ねぎは縦半分にして薄切りに、じゃがいもは1コを4〜6等分に、人参は皮付きのまま1cm角程の小ぶりに切る。にんにくはみじん切りにする。

2 鍋に油とにんにくを入れて中火にかけ、香りが立ったら玉ねぎをしんなりするまで炒める。弱火にし、小麦粉、カレー粉を加え、焦げないように全体になじませる。

3 人参とじゃがいも、水を入れて中火に。煮立ったら味噌、醤油、かつお節を加え、蓋をして、途中混ぜながら弱火で煮込む。野菜に火が通ったら、最後に塩で味を調える。

※かつお節は細かくもみほぐしながら入れると、食感がよくなります。
※小さなお子さんには、りんご1/2コをすりおろして加えると甘口になります。

福神漬け

2日間、手間ひまかけて作ります。
カレー以外のごはんにも合いますよ！

材料（作りやすい分量）

大根…5cm
人参…1/2本
蓮根…150g
生姜…1片
醤油…1/2カップ
本みりん…1/2カップ
きび砂糖…大サジ1
塩…適量

※冷蔵で3週間程保存可能。

1 大根、人参、蓮根は薄いイチョウ切りに、生姜は千切りにする。野菜の大きさを揃えて切ると歯触りよく仕上がる。

2 人参、蓮根は1分程ゆで、水切りする。大根は塩もみして水気をしぼる。

3 醤油とみりんを合わせ、ひと煮立ちさせて漬け汁をつくる。野菜を清潔なビンに入れ、漬け汁をかぶるくらいに注ぎ、粗熱がとれたら冷蔵庫でひと晩漬ける。

4 ひと晩置いたものをザルに上げて、漬け汁を鍋に取り出し、具はぎゅっとしぼる。漬け汁に砂糖を加え、ひと煮立ちさせ、再び具と合わせて、ひと晩漬ける。

ねぎとニラのおやき

カルシウムたっぷりのおやき。
おやつや、おつまみにもいいですよ。

材料(4枚分)

長ねぎ…1/2本
ニラ…1/2束
ちりめんじゃこ…大サジ4
国産小麦粉(または米粉)…1/2カップ
水…大サジ4
ごま油、酢、醤油…各適量

1 ねぎは小口切りに。ニラは2cm程の長さに切る。ねぎ、ニラ、じゃこをボウルに入れ、小麦粉と水も加えてよく混ぜる。4つに分け、手にとって平たく成形する。手に水をつけるとまとまりやすい。

2 フライパンに油を中火で熱し、タネの両面をこんがり焼く。酢醤油をつけていただく。

ピクルス

夏に人気のお漬け物。
冷蔵庫のあまった野菜で十分です。

材料(写真は500mlビン)

漬け汁	写真の野菜
水…1カップ	きゅうり…1本
米酢…1/2カップ	人参…1/4本
きび砂糖…1/4カップ	玉ねぎ…1/4コ
塩…小サジ2	パプリカ(赤)…1/2コ
にんにく…1片	パプリカ(黄)…1/2コ

1 野菜はそれぞれ食べやすい大きさに切る。かたい野菜はさっとゆでる。漬け汁の材料と皮をむいたにんにくを鍋に入れ、ひと煮立ちさせ、砂糖が溶けたら火を止める。

2 野菜を清潔なビンに入れ、漬け汁を注ぎ、粗熱がとれたら冷蔵庫でひと晩漬ける。

※冷蔵で1ヵ月程保存可能。

しそジュース

赤しそは昔から
美肌、気管支炎、疲労回復などに
効果があると言われています。
葉や煮汁の色が変わる瞬間は、大人でも楽しい！

材料（作りやすい分量）

赤しその葉…1袋（約200g）
きび砂糖…200g
酢…1/2カップ
水…1ℓ

※酢は好みで減らしても。
※水か炭酸水で2〜3倍に薄めて飲んでください。
※冷蔵で1カ月程保存可能。

赤しその佃煮

1 赤しそは茎から葉をとって洗う。

2 鍋に水1ℓを沸かし、赤しその葉を入れる。菜箸で葉全体を沈ませながら煮て、葉が緑色になったらザルに上げて煮汁をこす。

3 煮汁を鍋に戻し、中火にかけて砂糖を加える。砂糖が溶けたら酢を入れ、火を止める。冷めたら清潔なビンに入れて保存する。

こした後の葉は細かく刻み、ごま油で炒め、醤油、みりん1：1で調味する。汁気がとぶまで炒めたら、仕上げにごまを振る。

羽を休める

子どもの体の不調で悩んでいる方へ

子どもの不調が続いた時は、
心の中にいつも雨がしとしと降っているような、
そんな気持ちになりました。
食を通じて、子どもたちの体質を改善する過程は、
とてもゆっくりで、前進と後退の繰り返しですから、
見守る私たちは、気分の浮き沈みが激しい時もありました。
毎日の食事に力を注げばそそぐ程、
「こんなにやっているのになぜ？」と苛立つことも。
現れた症状と向き合うのに疲れたら
少し休みましょうね。
ああしなければ、こうしなければという気持ちも少し休憩！
そういう時に、私たちは、自分が好きなものを
子どもと一緒に楽しんで食べていました。
固くなっていた頭がほぐれて、不思議と穏やかになれたからです。
体に入った不要なものは、毎日のごはんの力で
外に押し出してもらいましょう。

中学生以上になると、行動範囲が広がり、友だち付き合いも多くなります。
当然、外食や市販のお菓子も増えていきましたが、
子どもたちは、それくらいの年齢になると、
体調がおかしい、ということが自覚でき、
食べ方をコントロールできるようになりました。

子どもに「あれはだめ、これはだめ」と言うと、
だめと言われている食べものにもっと執着するようです。
とくに甘いお菓子に関しては、自分で買って、隠れて食べていたこともありました。
もし、気がついたら、つい口をはさみたくなってしまうでしょうけれど、
ここは寛大さの見せ所です。注意したくなったら、
「食事でカバーすれば大丈夫」と心の中で唱えてみてください。
おおらかな気持ちになって、どーんと構えていた方が、
子どものからだも心もまるく収まるようです。

さんまの塩焼き

焼くだけなんて思わないでください。
ひと手間かけるだけで、皮もパリッと絶品に。

材料(すべて適量)

さんま、塩
※醤油や大根おろし、スダチなど、お好みでどうぞ。

大根葉のふりかけ

余す所なくすべていただける大根。
できたてを食卓に出したら、あっという間になくなります。

材料(すべて適量)

大根の葉、ごま油、醤油、本みりん、白ごま

1 さんまの両面に高いところから塩を振って常温で10分おく。こうしておくと、水分が出てうま味がぎゅっとしまる。

2 焼く前にグリル庫内を強火で5分予熱しておくと、皮がくっつかず、ふっくら仕上がる。キッチンペーパーなどでさんまの水気を拭いてから焼く。

1 大根の葉を細かく刻む。

2 フライパンにごま油を中火で熱し、しんなりするまで炒める。醤油、みりんを2：1の割合で味をみながら足して、甘辛く調味する。汁気がとんだら、白ごまを加える。

さつまいもごはん

ほんのり塩のきいたごはんが
さつまいもの甘みを
引き立ててくれます。

材料（作りやすい分量）

さつまいも…大1/2本
米…3合
塩…適量
醤油…少々
※炊飯器でも美味しくできます。

1 米を研いで30分水に浸してから水気をきる。さつまいもは1cm大くらいの角切りにする。

2 土鍋に米と同量の水を入れ、さつまいもと、塩は少し塩気を感じるほどに入れ、醤油を加える。くるりとかき混ぜてから、炊き上げる。

人参と白たきの炒めもの

煮ている間に何度か味見して、
美味しそうな色に仕上げてください。

材料（作りやすい分量）

人参…1/3本
白たき…1パック（160g前後）
白すりごま…大サジ3
水…1カップ
醤油…大サジ2
本みりん…大サジ1
ごま油…少々　塩…適量

1 人参は白たきの太さ程の細切りにする。白たきは塩でもみ、水洗いし、食べやすい長さに切る。鍋に油を中火で熱し、人参と白たきを入れて、水分がとぶまで炒める。

2 水を加え、醤油とみりんで調味し、強火で煮る。汁気がとんだら火を止める。ごまを加えて和える。

根菜煮

甘辛さが具材によく染みて、ごはんが進みます。
根菜をごま油で炒めてから煮ると、
コクが出て、食べごたえのある一品に。

材料(4人分)

ごぼう…1/2本
人参…1/3本
蓮根…130g
玉ねぎ…1コ
干し椎茸…2枚
干し椎茸の戻し汁…2カップ

厚揚げ…1枚
こんにゃく…1/2枚
醤油…大サジ3
本みりん…大サジ1
ごま油、塩…各適量

1 干し椎茸は2カップ強の水に3時間以上浸して戻し、食べやすい大きさに切る。こんにゃくは塩もみして洗い流し、手でちぎる。厚揚げは油抜きして大きめに切る。

2 蓮根は黒い斑点が気になるようだったら皮をむいて乱切りに、ごぼう、人参は皮ごと乱切りにする。玉ねぎは大きめのくし形切りにする。

3 鍋に油を中火で熱し、ごぼうを炒める。香ばしい香りが立ってきたら、こんにゃく、蓮根、人参、玉ねぎを加え、油がまわるようしばらく炒める。

4 厚揚げ、椎茸も鍋に入れ、戻し汁を加える。醤油、みりんで調味し、蓋を少しずらしてかぶせ、煮汁が少なくなるまで中火で煮る。

菜めし

秋冬は、大根やかぶの葉が甘くて
栄養も豊富です。

材料(すべて適量)

大根の葉(またはかぶの葉)
ごはん
塩
白ごま

1 大根の葉は、10〜20秒程湯がいてから細かく刻む。かぶの葉の場合は、湯がかずに細かく刻む。

2 刻んだ葉っぱに少し多めに塩をもみこみ、出てきた水気をきゅっとしぼる。

3 普通に炊いたごはんに混ぜ合わせ、白ごまをおおまかに指ですりつぶしながら加える。

すいとん汁

もちもちとしたお団子は
取り合いになって
食卓が盛り上がります。

材料（4人分）

里芋…4コ
人参…1/4本
大根…3cm
ごぼう…20cm
干し椎茸…2枚
干し椎茸の戻し汁…4カップ
醤油…大サジ3
本みりん…大サジ1
ごま油…適量
国産小麦粉…1カップ
水…1/2カップ強

※小麦アレルギーのお子さんには白玉団子がおすすめです。白玉粉に少しずつ水を入れ、耳たぶのやわらかさにしてから汁に落とし入れます。

1 干し椎茸は4カップ強の水に3時間以上浸して戻し、戻し汁はとっておく。人参、大根、ごぼうは皮ごと、野菜すべてを、食べやすい大きさに切る。

2 鍋に油を中火で熱し、ごぼうを香ばしい香りが立つまで炒める。戻し汁とその他の野菜、醤油、みりんを入れ、煮立ったら弱火にし、蓋をして煮る。

3 小麦粉と水をさっくり混ぜ合わせ、団子の生地を作る。

4 鍋の野菜がやわらかく煮えてきたら、汁の中に団子の生地をスプーンで落とし、火が通るまで煮る。

すき鍋

鍋を囲んで食べるのも楽しいし、
ひとり分ずつ盛りつけるのも
なんだかちょっと豪華です。

材料(4人分)

油揚げ…2枚
白たき…1パック(160g前後)
長ねぎ…1本
焼き豆腐…1丁
青菜(写真は小松菜)…1/2束
椎茸…4枚
菜種油、だし、塩…各適量
醤油、本みりん…各適量

調味料の割合

醤油　本みりん
　2　：　1

※青菜は白菜や春菊でも合います。

1 油揚げは熱湯に入れ、ゆらしたり、押さえたりして油抜きをする。こうすることで、味が染み込みやすくなる。

2 油揚げは太めの幅に切る。白たきは塩でもんで洗い、食べやすい長さに切る。ねぎは斜め切り、椎茸、青菜、焼き豆腐は好みの大きさに切る。

3 鍋に油をひき、中火でねぎを香りがたつ程度に軽く炒めたら、いったん火を止め、ほかの具材をすべて並べ入れる。

4 具材半分の高さ程にだしを加え、再び中火にかけ、煮立ったら弱火にする。醤油とみりんを少しずつ入れ、蓋をして味が染み込むまで煮る。

鮭のムニエル

皮も香ばしく焼くと
残さず食べてくれます。

材料（2切れ分）

生秋鮭（国産）…2切れ
塩、酒…各少々
国産小麦粉（または米粉）…適量
オリーブオイル…大サジ1
醤油…適宜

1 鮭の両面に塩と酒を振り、5分程置いてから水気を拭く。小麦粉をまんべんなくまぶす。

2 フライパンに油をひいて、中火で片面を焼く。焼き色がついたら裏返し、蓋をして2分程焼く。味が足りなければ醤油をかけていただく。

炒り豆腐

お豆腐の水気を、しっかりきるのがコツです。
ざっくりざっくり炒めながら
汁気をとばしてください。

材料（4人分）

木綿豆腐…1丁
きのこ（写真はしめじ）…1パック
人参…1/3本
長ねぎ…1/2本
醤油…大サジ2
塩、ごま油…各適量

1 豆腐は水気をよくきっておく。しめじは石突きをとり、バラバラにする。人参は皮ごと千切りに、ねぎは小口切りにする。

2 フライパンに油を中火で熱し、人参、しめじ、ねぎの順に入れ、炒めていく。

3 野菜に火が通ったら、豆腐をちぎりながら加え、味をみながら塩、醤油で調味する。汁気をとばしながら強火で炒める。

白和え

ごまは最初からすってある、
すりごまでも大丈夫ですよ。
すり鉢の代わりに、ザルなどを利用しても
なめらかな豆腐になります。

材料（4人分）

木綿豆腐…半丁
椎茸…1枚
人参…1/3本
こんにゃく…1/6枚
春菊（葉の部分）…4〜5本分
白ごま…大サジ2
水…適量
醤油…大サジ1
本みりん…大サジ1
味噌…小サジ1
塩…適量

※豆腐の水きりは、重しをしたり、急ぎの時はふきんでくるみ、きゅっとしぼると早いです。

1 豆腐は水きりする。春菊は食べやすい長さに切り、塩少々でもんでおく。人参は皮ごと、椎茸、こんにゃくとも細切りにする。

2 人参、椎茸、こんにゃくを鍋に入れ、ひたひたより少ない水と、醤油、みりんを加え、中火で汁気が少なくなるまで煮含める。

3 ごまをすり鉢でつぶがなくなるまでする。同じすり鉢に豆腐を加え、なめらかになるまで混ぜる。隠し味程度に味噌を入れて混ぜ合わせる。

4 3に煮含めて粗熱をとった野菜と春菊を加え、和える。味が足りなければ、塩で味を調える。

大根の塩もみ

消化を助ける酵素がたくさん。
大根の生食はおすすめです。

材料（すべて適量）

大根
塩、黒ごま

※油を少しかけると、サラダのようにもなります。油は良質なごま油や、亜麻仁油やえごま油がおすすめです。

 1　大根は皮をむき、薄く千切りにする。

 2　切った大根をボウルに入れ、塩少々でもむ。出てきた水分ごと器に盛り、黒ごまを少し振りかける。

いも天

子どもたちに人気者のいも天。
お皿にどーんと盛って、
立派なおかずにしてください。

材料（すべて適量）

さつまいも
国産小麦粉（または米粉）
菜種油
塩

 1　小麦粉を同量程度の水で軽く溶き、衣を作る。タラタラと、したたるくらいがちょうどいい。さつまいもは、皮ごと厚さ1cm弱の輪切りにする。

 2　170℃の中温の油で、少しだけ焦げ目がつくくらいに揚げる。塩少々を振りかけると、甘さが引き立つ。

69

こふきいも

ゆでるだけです。
このような素朴な食べものが
体を優しく支えてくれます。

材料（すべて適量）

じゃがいも
塩、青のり

1　じゃがいもは皮をむいて食べやすい大きさに切り、やわらかくなるまでゆでる。

2　鍋に蓋をずらしてかぶせ、中の湯を捨てる。弱火にかけて水気をとばしたら火を止める。塩、青のりを適量振りかけ、蓋をして上下にゆする。

焼きたらこ

冬に助宗たらの生たらこを
見つけたらガッツポーズ。
無添加の美味しい
焼きたらこが食べられます。

材料（すべて適量）

助宗たら（スケトウダラ）の生たらこ
塩

1　たらこの全面にうっすらと優しく塩をして、そのまま半日ほど置く。くっついているものは無理に離さず、そのまま塩をする。

2　たらこをアルミホイルでふわりと覆ったらグリルにのせ、中火で焼く。皮がぱりっとし、赤みがなくなったらできあがり。

かぼちゃスープ

きれいなオレンジ色に
子どもたちも嬉しそう。

材料（4人分）
───────────
かぼちゃ…1/4コ
玉ねぎ…1コ
にんにく…1片
水、塩、菜種油…各適量
ごま、青い葉（飾り用）…適宜

1 かぼちゃは皮を厚めにむき、ひと口大に切っておく。玉ねぎとにんにくは薄切りにし、油をひいた鍋で、しんなりするまで中火で炒める。

2 かぼちゃとひたひたより少なめの水を加え、強火にかける。煮立ったら弱火にし、蓋をして、かぼちゃがやわらかくなるまで煮て、火を止める。

3 粗熱がとれたらミキサーにかけ、鍋に戻す。ごく弱火にかけ、混ぜながら好みの濃さに水でのばす。塩で味を調える。あれば飾りにごまや、青みを浮かべる。

かぼちゃの皮の炒めもの

かぼちゃの皮は、特に栄養が豊富です。細切りにしてカリカリに炒め、塩を振って食べたり、味噌汁の具にしていただきましょう。

揚げと白菜の
あんかけ丼

卵アレルギーのお子さんには、うずらの卵の代わりに、いかがおすすめです。

材料(4人分)

油揚げ…1〜1枚半
白菜…1/8株
ベビーホタテ…8〜10コ程度
うずらの卵…1パック(10コ)
だし(または水)…2カップ程度
水溶き片栗粉…
片栗粉大サジ2を同量の水で溶く
塩、醤油…各適量
ごはん…適量

うずらの卵はゆでる前に、とがっていない、おしりの部分をスプーンでこつんとへこませておくと、後で簡単に殻がむけます。

1 うずらの卵はゆでて殻をむく。油揚げは油抜きし(右頁参照)、ホタテは洗って水気をきる。油揚げと白菜を食べやすい大きさに切る。

2 鍋に1を入れ、だしを加えて中火にかける。味をみながら塩と醤油少々で調味し、白菜がしんなりするまで煮る。

3 弱火にした鍋に水溶き片栗粉を少しずつまわし入れ、様子をみながらとろみをつける。器によそったごはんの上にかける。

切り干し大根の煮もの

切り干し大根はカルシウム量が
とても多い、頼もしい存在です。

材料（4人分）

切り干し大根…1袋（30g前後）
人参…1/3本
油揚げ…1枚
昆布…3cm角程度
水…2カップ
醤油、本みりん…各適量

調味料の割合

醤油　本みりん
　2　：　1

1　油揚げは熱湯に入れ、ゆらしたり、押さえたりして油抜きをする。こうすることで、味が染み込みやすくなる。

2　油揚げは細切り、人参は皮ごと千切りに、昆布ははさみで細く切る。切り干し大根は5分程水に浸して戻し、食べやすい長さに切る。戻し汁は煮汁として使う。

3　鍋に具材を入れ、戻し汁をひたひたより少なめに入れて中火にかける。醤油、みりんで調味し、煮汁が少なくなるまで煮含める。

切り干し大根のおやき

切り干し大根の煮ものが残ったら、
アツアツのおやきにすると
飛ぶように売れますよ。

材料（5コ分）

生地
国産小麦粉…100g
水…1/4カップ
塩…ひとつまみ
詰めるもの
切り干し大根の煮もの…1カップ程度（p.73）
菜種油…適量

1　ボウルに生地の材料をすべて入れて混ぜる。耳たぶ程の固さにし、麺棒でのばす。台にくっつくようなら小麦粉（分量外）で打ち粉をする。

2　のばした生地の中に、汁気をぎゅっとしぼった切り干し大根の煮ものを包み込み、とじ目はつまみ上げてひねる。

3　生地のとじ目を下にして、油をひいたフライパンにのせ、中火で両面にこんがりとした焼き色がつくまで焼く。酢醤油などでいただいても。

※大きいお子さんには、からしをつけても。

なめたけ

できあいの品を買うのがもったいないほど、
ほんの少しの時間でできる常備菜です。

材料（作りやすい分量）

えのきだけ…1パック
醤油…大サジ2
本みりん…大サジ2

※冷蔵で1週間程保存可能。

1　えのきだけは石突きを切り落とし、好みの長さに切って、ほぐしながら鍋に入れる。

2　鍋に醤油とみりんを加え、蓋をして弱火にかける。時々かき混ぜながら汁気が少なくなるまで煮る。

大切な油のこと

　私たちに必要な栄養分、油。理想的な良い油は、穀物や青魚、海藻類に含まれています。菜種やごま、オリーブから作られる植物油もそうです。ここでは、私たちがおすすめする植物油のことを記します。

　油には色々な製法のものがあります。薬品を使って抽出するものや、昔ながらの圧搾法などです。

　私たちがとくにおすすめしたいのは、圧搾法のなかでも、「低温圧搾法」の油です。油の容器に、「低温圧搾法」との表記があります。これは、原材料に高い熱を加えることなく、圧力をかけてゆっくりと油を搾り取る方法です。原材料の果実や種子の栄養素や、ビタミンなどを壊さず搾れるため、風味があり、栄養価も高くなります。アレルギーやその予防にも良いとされています。

　子どもが不調の時には、積極的に油を使った料理を食べるということはおすすめしません。だからこそ、少し食べる油は、ちょっと値は張りますが、良質の油を使ってほしいと思います。

おすすめする油　加熱料理には
低温圧搾法（コールドプレス）で作られた菜種油やオリーブオイル、
圧搾法で作られたごま油。

サラダなどの、熱を加えない料理には
低温圧搾法で作られたオリーブオイル、亜麻仁油、えごま油、
圧搾法で作られたごま油。

毎日の飲みもの

　私たちは、子どもの飲みものは、水が基本と考えています。日常的にジュースや牛乳を飲むと、ごはんが進まなくなるからです。糖質やたんぱく質を含んでいるからでしょう。モリモリごはんを食べさせる為には水を、お茶ならば、番茶、ほうじ茶、麦茶などおすすめします。

　薬草茶なら昔から薬代わりに飲まれているビワ茶、ドクダミ茶。冷え性の改善にもなるヨモギ茶などがおすすめです。子どもが飲みにくい時は、番茶などと合わせると飲みやすいです。

　市販のジュースはおすすめしません。市販のジュースには、たくさんの糖類や添加物が含まれているからです。

　2015年、WHO（世界保健機関）は、砂糖の多量摂取が肥満や慢性疾患につながるとして、成人の場合で、1日の砂糖摂取量は25g未満に抑えるべきだと発表しました。では、砂糖25gとは一体どれくらいでしょう。

炭酸飲料1缶（350ml） ———— 約40g
アイスクリーム ———— 約20g
シェイク（Sサイズ）取扱店3社平均 ———— 約35g

参考：「読売新聞」2014年3月7日／おかあさんの輪、メーカー取材

といった具合です。熱中症対策でよかれと思って飲んでいるスポーツドリンクにも砂糖が約22g、市販の野菜ジュースや乳酸菌飲料にも結構入っているのです。

　大人で1日25gでしたら、からだの小さい子どもは、その半分でいいのではないでしょうか。ジュース類は子どもが好きで飲みやすい分、気をつけましょう。

　ただ、特別な日やお友達の家で出された時は、ありがたくいただき、その時には、飲む量を自分で考えるよう伝えています。

れんこん湯

れんこんに含まれるタンニンには収れん作用があり、
咳止めに効くと言われています。
ぜん息のある子には、季節の変わり目に
毎日飲用することをおすすめします。
絞った後のれんこんは、少しだけ酢をふっておいて、
味噌汁の具にしたり、
おかずの具材に混ぜると無駄になりません。

※はちみつを与えるのは、1歳を過ぎてから。

1 洗ったれんこんを皮ごとすりおろす。鍋に、すったれんこんの汁を、手でしぼり出す。

2 1に水を適量入れて弱火にかける。ふつふつとしてきたらかき混ぜてできあがり。子どもには、はちみつを加えると飲みやすい。

葛湯

からだの内をぽかぽかと温めてくれる本葛。
葛はマメ科の植物で、山や野に自生するつる草です。
その根から得られたデンプンを
精製して作られたのが本葛粉です。
古くから病人や子どもの滋養食とされてきました。
100gで約600円と、高く感じますが、
大人用マグカップで14杯は作れます。
まるでインスタントコーヒーのように作れるのです。
赤ちゃんの離乳食にもおすすめですよ。

※はちみつを与えるのは、1歳を過ぎてから。

1 マグカップに小サジ1くらいの本葛粉を入れる。そこに同量の水を加えて、よく混ぜ溶かす。

2 熱湯を注ぎ、とろりとなるまでかき混ぜてできあがり。
※黒糖や、はちみつを混ぜると喜びます。これに生姜汁を加えると、風邪も逃げていくでしょう。

梅肉エキス

青梅をすりおろし、絞った汁を煮詰めたものです。
自然食品店などで
40g、2000円前後で販売しています。
その効能は素晴らしく、感染症や食中毒予防に、
腸の炎症を抑える働きがあると言われます。
私たちは、アレルギー症状がある時にも飲ませます。
心強い、家庭薬になっています。

※はちみつを与えるのは、1歳を過ぎてから。
※説明書の用量を守ってあげてください。

子どもには耳かきひとすくい程度、大人は大豆1粒くらいをお湯で溶かし、黒糖やはちみつで甘みを足して飲む。

梅醤番茶
うめ しょう ばん ちゃ

梅干しと醤油と番茶に生姜汁を合わせたものです。
飲むとからだが温かくなるのを感じます。
生理痛や風邪のひきはじめにも良いと言われます。

材料（すべて適量）

梅干し　生姜
醤油　番茶

※梅干しは無添加をおすすめします。
※梅醤番茶の素は、自然食品店でも手に入ります。

1 湯のみに、種を取った梅干しを入れ、醤油と生姜汁を数滴加え、梅肉をくずしながら練るように混ぜる。これが梅醤番茶の素になる。

2 番茶を湯のみの8分目まで注ぎ、よくかき混ぜて熱いうちに飲む。

白菜サラダ

使う野菜は白菜だけの簡単サラダ。
油は良質なものをおすすめします。

材料(すべて適量)

白菜、亜麻仁油やごま油
塩、醤油、酢、黒ごま

※油のことはP.76に記しています。

1　白菜を細切りにする。

2　塩を少しずつ加え、ざっくりもみこみ、うすい塩味になるようにする。味をみながら醤油、酢、油、黒ごまを入れて和える。

豆乳スープ

豆乳が分離しないよう、
味付けは火を止める直前に。
沸騰しないようゆっくり温めます。

材料(4人分)

豆乳…1～1と1/2カップ
じゃがいも…大2コ
玉ねぎ…1コ
人参…1/3本
ブロッコリー…1/2コ
にんにく…1片
水溶き片栗粉…
片栗粉大サジ1を同量の水で溶く

菜種油、水、味噌、
塩…各適量

※ブロッコリーの芯は細切りにして一緒に煮てもいいし、炒めものや、味噌汁の具にしても美味しい。

1　じゃがいもは皮をむいて大きめに、玉ねぎは薄切りに、人参は皮ごと小ぶりに。ブロッコリーは小房に分け、にんにくはみじん切りにする。

2　鍋に油をひき、にんにくと玉ねぎを入れ、中火～弱火で玉ねぎが透き通って、しんなりするまで炒める。

3　ブロッコリー以外の野菜を加え、具が7割かぶる程の水を入れ、中火で人参がやわらかくなるまで煮る。火の通りの早いブロッコリーは、人参に火が通ってから入れる。

4　弱火にし、豆乳をひたひたに注ぎ、温まったら水溶き片栗粉を入れて混ぜる。スープの色が茶色くならない程度に味噌を加え、塩で味を調えて火を止める。

ほかほか蒸し根野菜

甘みがぎゅっとつまった
野菜の味そのもの。
蒸し上がったらすぐに
食べてみてください。

材料（すべて適量）

写真の野菜
かぶ
人参
里芋

※蒸し上がった野菜は、塩や醤油、味噌などを付けて、お好みでどうぞ。
※写真以外でも、色々な根野菜でお楽しみください。

1 かぶは葉を切り落とし、4つか6つ割りにし、葉は食べやすい長さに切る。人参は皮ごとスティック状に。里芋は皮付きで丸ごと使う。

2 蒸気の上がった蒸し器に、かぶの葉以外の野菜を並べる。里芋に竹串がすーっと通るまで強火で蒸す。かぶの葉は蒸し終わる1分程前に入れる。

冬のほうれん草の
和えもの2種

それはそれは甘いんです。
冬の寒さを乗り越えてできた甘みです。

材料（すべて適量）

ほうれん草（または、ちぢみほうれん草）
おかか和え（左）…かつお節＋醤油
ごま和え（右）…白すりごま＋醤油

1 鍋に湯を沸かし、ほうれん草を茎の方から入れる。数秒後に全体を浸し、5〜10秒程で引き上げる。

2 ザルに手早く広げて冷ます。優しく水気をしぼり、かつお節＋醤油、または白すりごま＋醤油で和えていただく。

大根ステーキ

なんといっても
できたてアツアツが美味しいのです。

材料（すべて適量）

大根
醤油
菜種油やごま油

1 大根は皮付きで厚さ2cm程の輪切りにし、両面に切れ目を格子に入れる。

2 鍋に湯を沸かし、竹串がすーっと通るまで煮たら、取り出して水気をきる。フライパンに油をひき、中火で焼く。両面に少し焦げ目がついたら、醤油をまわしかける。

いかと里芋の煮ころがし

いかのうまみが染み込んだ里芋は、
子どもたちの大好物。

材料(4人分)

いか…小2ハイ(大なら1ハイ)
里芋…5〜8コ
生姜…1片
水…2カップ弱
醤油…大サジ1
本みりん…大サジ1
酒…適量

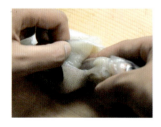

1 いかはワタと軟骨、くちばしを取る。胴は中までよく洗い、皮ごと幅1cm程の輪切りに、足は食べやすく切り離して、酒を振っておく。

2 里芋は皮をむき、大きいものは2つか4つに切る。生姜は細切りにする。

3 鍋に里芋、生姜、水を入れ、落とし蓋をして中火にかける。煮立ったら弱火にし、醤油とみりんで調味する。

4 里芋がやわらかくなったら、いかを加え、弱火でいかに火が通るまで煮込む。煮汁が多ければ、お麩を入れても美味しい。

焼き野菜

夕食の献立に迷ったら、
単純なのに美味しい焼き野菜を
思い出してください。

材料(4人分)
―――――――――――

じゃがいも…大2〜3コ
玉ねぎ…1コ
人参…1/2コ
オリーブオイル、塩…各適量
ハーブ…適宜

※好みのハーブを入れると
香りも楽しめます(写真はローズマリー)。

1 じゃがいもと人参は皮ごと、玉ねぎは外皮をむき、それぞれ食べやすい大きさに切る。人参を薄めに切ると火の通りが他と均一になる。

2 切った野菜をボウルに入れ、オリーブオイルを野菜になじむ程度に加え、塩を少々入れて混ぜ合わせる。好みでハーブを入れる。

3 天板に2をのせ、180℃に予熱したオーブンで15分焼き、竹串がじゃがいもに通ればできあがり。固ければ、さらに数分焼く。味が足りなければ塩を足す。

フライパンで焼く場合は、野菜を薄く切る。油をひき、弱火〜中火でじっくり焼く。塩やハーブは最後に味をみながら入れる。写真は、かぶ、人参、エリンギ。

高野豆腐の煮もの

醤油を少なめにして塩で味を調えると、
高野豆腐が色よく仕上がります。
気持ち甘めにすると冷めても美味しい。

材料（4人分）

高野豆腐…2枚
干し椎茸…大2枚
干し椎茸の戻し汁…1カップ
人参…1/3本
本みりん…大サジ1
醤油…小サジ1
塩…ふたつまみ

1 干し椎茸は1カップ強の水に3時間以上浸してやわらかく戻し、食べやすい大きさに切る。戻し汁はだしとして使う。

2 高野豆腐はしばらく水に浸け、やわらかくなったら水気をしぼり、食べやすい大きさに切る。人参は皮ごと厚さ5mm程の輪切りにする。

3 鍋に具材を入れ、ひたひたより少なめに戻し汁を入れる。みりん、醤油、塩を味をみながら加え、煮汁が少なくなるまでコトコト煮る。

小松菜とじゃこの炒めもの

小松菜にもちりめんじゃこにも
カルシウムがいっぱい。

材料(4人分)

小松菜…1束
ちりめんじゃこ…適量
油揚げ…1枚
塩、醤油、ごま油…各適量

1 油揚げは油抜きし(P.73参照)、細切りにする。小松菜は長さ3cm程に切る。フライパンにごま油を中火で熱し、油揚げとじゃこを先に炒める。

2 油揚げの水分がある程度とんだら、小松菜の茎、葉の順に加えて炒め、しょっぱくなりすぎないよう、塩と醤油で少しずつ調味する。

かぶのおすまし

まずは味をつけずに
ひと口、飲んでみてください。
からだに染み込んでいく、
深く、優しいおつゆです。

材料(4人分)

かぶ…2コ
水…6カップ
昆布…10×5cm程度
醤油…適量

1 鍋に水を入れ、昆布を加える。かぶは、実を皮ごと2等分に切って鍋に入れ、弱火でやわらかくなるまで煮る。茎と葉は食べやすく切って、火を止める直前に加える。

2 椀によそってから、少量の醤油をかけていただく。なるべく薄味の方が昆布のだしを楽しめる。昆布は細切りにして具にするか、佃煮(P.14)にしても美味しい。

たらの煮付け

消化の良い白身魚は
体に優しい。

材料（4人分）

生たら切身（国産）…4切れ
長ねぎ…1/3本（青い部分含む）
生姜　1片
水…2カップ
醤油…大サジ2
本みりん…大サジ1

1　ねぎは斜め切りに、生姜は千切りにする。鍋に水、醤油、みりん、生姜を入れ、煮立てる。

2　煮立ったらたらとねぎを入れ、アクをとり、中火〜弱火で途中煮汁をたらにかけながら8〜10分煮る。

葉野菜ときのこの蒸しもの

野菜のうま味が引き出されて甘いんです。

材料（作りやすい分量）

キャベツ…1/4コ
小松菜…1/3束
しめじ…1パック
えのきだけ…1/2パック
人参…1/4本
塩…ひとつまみ　酢、醤油…各適量

1　キャベツ、小松菜は食べやすい大きさに切る。人参は火の通りを早くするため、なるべく薄く切る。きのこは石突きをとってバラバラにしておく。

2　鍋の底にうっすら水をはり、塩を加える。きのこを一番下にしき、他の野菜を上にのせ、蓋をして中火にかける。沸いたら5分蒸して火を止める。酢醤油でいただく。

コロッケ

やっぱり揚げたてにはかなわない。
作ったそばから出せる
おうちのコロッケ。

材料（俵型　約12コ分）

じゃがいも…大4コ
玉ねぎ…1コ
国産小麦粉、水、パン粉…各適量
菜種油（またはオリーブオイル）…適量

※パン粉の原材料：小麦

1 玉ねぎはみじん切りにする。じゃがいもは皮ごと4つに切って蒸し、やわらかくなったら、皮をむいて固まりがなくなるまで潰す。

2 フライパンに油を中火で熱し、玉ねぎを透き通るまで炒める。粗熱がとれたら、ボウルに入れ、潰したじゃがいもを合わせて俵形に成形する。

3 ボウルに小麦粉と水を1：1の割合で合わせ、成形したタネをくぐらせる。

4 3にパン粉をまぶし180℃の高温の油できつね色に揚げる。好みのソースでいただく。

89

白菜漬け

塩をまぶして
重しをして、待つこと一週間。
お店で売っているのと同じ味が
わが家でもいただけます。

材料(作りやすい分量)

白菜…1/2株(1.2kg前後)
塩…約50g(白菜の重さの4%)
昆布…5cm角程度(細切り)
赤唐辛子…1〜2本(種を除いて輪切り)
ゆず…1コ(皮を細切り)

※押し蓋は平らな皿などでも代用できます。
※冷蔵で3週間保存可能。

1 白菜を4つ切りにし、1時間程天日干しをする。干すことで白菜の甘みが増す。

2 葉と葉の間や、根元の固い部分に塩をすりこむ。塩は大サジ1くらい残しておく。

3 白菜を保存容器に、隙間ができないよう葉の向きを上下交互に入れ、昆布、赤唐辛子、ゆず皮を散らす。最後に残しておいた塩を振り入れる。

4 押し蓋を置き、白菜の重さの約2倍の重しをのせ、蓋をして冷暗所に置く。3日程で水が上がり、さらに4日間置いたらできあがり。

きんぴらごぼう

千切り、ささがきも美味しいけれど、
気軽にできる、太いきんぴらも、
歯ごたえがあって、なかなかですよ。

材料（作りやすい分量）

ごぼう…1本
人参…1/2本
水…1カップ
醤油、本みりん…各大サジ1
ごま油、白ごま…各適量

1 ごぼうは優しく泥を落とし、皮ごと5cmの長さに切り、縦4等分にする。人参も皮ごとごぼうと同じ太さに切る。フライパンに油をひき、中火でごぼうと人参を2〜3分炒める。

2 1に水、醤油、みりんを加え、汁気がなくなるまで煮る。仕上げに白ごまを振る。

白菜もりもりスープ

ほんの少しのごま油で
中華風味になります。

材料（4人分）

白菜…1/8株
干し椎茸…2枚
干し椎茸の戻し汁…3カップ
塩…適量
ごま油…少々
水…適宜

1 干し椎茸は、3カップ強の水に3時間以上浸してやわらかく戻したら、白菜とともに細かく切り、鍋に入れる。

2 鍋に戻し汁をひたひたより少なめに、足りなければ水を足して入れる。鍋を強火にかけ、煮立ったら弱火にして5分程煮る。塩で味を調え、最後にごま油をほんの少したらす。

91

わかめとじゃこの焼き飯

塩蔵わかめの塩は、
そのまま生かします。

材料（1人分）

ごはん…茶碗1杯
塩蔵わかめ…3g
ちりめんじゃこ…大サジ2
長ねぎ…1/3本
黒ごま、ごま油…各適量

1 わかめ、ねぎは細かく切る。フライパンに油を強火で熱し、わかめ、ねぎ、じゃこ、黒ごまを加える。ねぎがしんなりするまで炒める。

2 ごはんを加え、よく混ぜながら炒める。全体に火が通ったらできあがり。

豆乳鍋

鍋はからだも温まり、野菜も摂れるから
ありがたい一品です。
味付けは食べる直前が分離しないコツ。

材料（4人分）

豆乳…3カップ
水…3カップ
絹ごし豆腐…1丁
たらやホタテなどの魚介類…適量
白菜…1/8株
長ねぎ…1本
ニラ…1束
にんにく…2～3片

味噌…大サジ2
塩…小サジ1
ごま油…大サジ1
白ごま…適量

※豆乳は水と同量です。

1 鍋にカップ3杯の水を入れて沸かし、だしになる魚介類を先に煮る。

2 にんにくは薄切りにし、他の野菜と豆腐は好みの大きさに切る。ニラ以外のすべての具材を鍋に入れて中火にかける。

3 具材に火が通ったら火を弱め、豆乳を注ぐ。味噌を溶き、塩で調味して火を止める。

4 最後にニラと、ごま油、ごまを加え蓋をする。
しめには、固めにゆでたそうめんを加えて食べるのも美味しい。

大根の皮の醤油漬け

余った大根の皮を、
切ったそばからビンに入れて
美味しい漬け物を作ります。

材料（すべて適量）
―――――――――――
大根の皮、昆布
醤油、酢

※柚子の皮や絞り汁を入れると香りも楽しめます。
※お酢が苦手な方は割合を自分好みに変えてください。

1 大根の皮を好みの食べやすい大きさに切る。昆布はハサミで細く切る。

2 清潔なビンに大根と昆布を入れ、醤油と酢を1：1の割合で、皮の半量がつかる程に注ぐ。ビンをぐるりとまわしてなじませる。3時間程漬けたらできあがり。ひと晩置くと、なお美味しい。

かりんシロップ

冬に出まわるかりん。
咳止めにも効能があることから、
昔からシロップとして飲用されています。

材料（すべて適量）
―――――――――――
かりん
はちみつ（かりんの重量の約1.5倍）

1 かりんを厚めに切って種ごと清潔なビンに入れる。上からはちみつをかぶるくらい注ぐ。たまにゆすり、はちみつがかりんにいきわたるようにする。1ヵ月置いてできあがり。

2 シロップをティースプーン1杯分カップに入れ、お湯を注いでかき混ぜる。味が足りなかったら追加する。これに生姜汁を加えると体も温まる。

※写真はかりん1コ（200g）を300gのはちみつに漬けたもの。
※冷暗所で1年保存可能。
※はちみつを与えるのは、1歳を過ぎてから。

おでん

煮込んでくたっとしたキャベツが人気です。
白菜も合いますよ。

材料（作りやすい分量）

大根…6cm	醤油…大サジ4
じゃがいも…4コ	本みりん…大サジ2
キャベツ…1/2コ	塩…適量
こんにゃく…1枚	
好みの練り物…適量	
だし、塩…各適量	

※練り物はできるだけ添加物の少ないものを選んでください。
※練り物の原材料：小麦、卵

1 煮くずれしやすいじゃがいもは、皮をむき、下ゆでする。

2 こんにゃくは塩少々でもんでくさみをとり、水で洗う。味が染み込みやすいように格子状に包丁を入れ、好みの大きさに切る。

3 キャベツは4つ割りに、大根は皮をむき厚さ1.5cmの輪切りにし、十字に包丁を入れる。練り物は好みの大きさに切る。

4 鍋に1以外の具材と、だしをひたひたに入れ中火にかける。煮えたら弱火にし、醤油、みりん、塩で調味し、大根に火が通るまで煮る。1を加え、味が染みるまで煮込む。

95

卯の花

ふんわりとやさしい
昔ながらのお料理も、
子どもたちに、伝えていきたい。

材料（作りやすい分量）

おから…200g
人参…1/3本
油揚げ…1枚
椎茸…4コ
万能ねぎ…4本
だし…2カップ
醤油…大サジ2
本みりん…大サジ2

1 油揚げは油抜きし（P.73参照）、細切りにする。人参、椎茸も細切りに、ねぎは小口切りにする。

2 鍋にだし、油揚げ、人参、椎茸を入れ、醤油、みりんを加えて中火にかける。人参に火が通るまで煮る。

3 おからは、味が染み込みやすくなるように、フライパン（または鍋）で、少しだけ焦げがつきパラパラするくらいにから炒りする。

4 炒ったおからに、2とねぎを加え、中火で水分をとばすように2〜3分炒め煮する。

冬野菜サラダ

冬野菜がたくさん。
ゆで野菜と生野菜を合わせた
サラダです。

材料（作りやすい分量）
--
水菜…1/3束
大根…3cm程
人参…1/4本
さつまいも…3cm程
蓮根…30g程
酢、塩…各少々
ごま油、醤油…各適量

※冷蔵庫にある野菜だけでも充分です。
※ゆで野菜は、ひとつの鍋で
時間差で煮ると手早くできます。

1 人参、さつまいもは皮ごと、大根は皮をむいて、細切りにする。蓮根は皮をむいて薄いいちょう切りにする。水菜は食べやすい長さに切っておく。

2 大根は塩でもみ、水気をしぼる。

3 鍋に湯を沸かして酢と塩を入れ、人参を1分ゆで、そのままさつまいもと蓮根を加えて1分ゆで、ザルに上げる。

4 ゆでた野菜の粗熱がとれたら、すべての野菜をボウルに入れてざっくり混ぜる。ごま油と醤油で調味する。柑橘類をしぼっても美味しい。

もっと楽しく、レパートリーが広がる
おべんとう
あれこれ

「なるほど、これでいいんだね」、「簡単で、美味しそう!」
こんな声が上がった、おべんとう13選です。

忙しい朝のおべんとう作りに悩んでいませんか？
時間がない、でも子どもにはなるべくからだにいいものを持たせてあげたい……。
気持ちはみんな一緒ですね。
ここでは、おかあさんの輪で評判の良かったおべんとうをご紹介します。

さっとゆで
スナップえんどう

梅おにぎり

ミニトマト

わかめおにぎり
塩蔵わかめの塩を、さっと水で洗い落とし、細かく切ってごはんに混ぜる。

さつま揚げと人参の含め煮
さつま揚げと人参を食べやすく切って鍋に入れ、ひたひたより少ない水を加え、醤油とみりん1：1で煮含める。

おかかおにぎり

小さなお好み焼き
キャベツ、ちりめんじゃこ、かつお節と、つなぎになる程度に小麦粉（または米粉）と水を入れ、混ぜて焼く。味付けはソース。

その一

アツアツのごはんを、ふんわり転がしてむすびます。いつでも人気の、おむすびべんとう。

その二十一

案外簡単にできるんです。ちょっとの油で作る、ちくわの磯辺揚げべんとう。

ピーマンと
じゃがいもの炒めもの
細切りにしたピーマンとじゃがいもを油で炒め、塩で味付けする。

高野豆腐の煮もの（P.86）

ちりめんじゃこと
ゆかりのごはん
ごはんとゆかりを混ぜ合わせ、軽く醤油漬けしたじゃこをふりかける。

ちくわの磯辺揚げ
小麦粉を同量の水で溶き、青のりを加えた衣にちくわをからませる。少量の油でカリッとするまで揚げ焼きにする。

その二十二

色とりどりの三色べんとう。べんとう箱を開けた時、どんな顔をするかしら？

ピーマン、とうもろこし、
ちりめんじゃこの炒めもの
細切りにしたピーマンととうもろこしの粒とちりめんじゃこを油で炒め、塩で味付けする。

高野豆腐のそぼろ煮（P.30）

人参の含め煮
千切りした人参を鍋に入れ、ひたひたより少ない水と、塩少々で蓋をして水気がなくなるまで煮る。最後にごまを振る。

100

その四 — 夏場の黄色はとうもろこしにおまかせ。夏野菜べんとう。

- 梅干し
- 雑穀米のごはん
  たかきび、ハトムギ、赤米を五分づき米に混ぜて、気持ち多めの水で炊いたごはん。
- ゆでとうもろこし
- ピーマンとなすの炒めもの（P.44）
- きゅうりとごまの塩もみ

車麩の炒めもの
水、みりん、醤油、生姜のすりおろしを合わせた汁で車麩を戻し、水気をしぼり小麦粉をつけ、少量の油で揚げ焼きにする。

その五 — おべんとうも、主食のお米を多く入れてください。ちょっとうれしい隠しのり弁。

隠しのり
もちきびごはん
もちきびを混ぜて炊いたごはんを薄くしき、その上にのりと、醤油で味を付けたおかかを置き、もちきびごはんでサンドする。

- 蓮根と人参のきんぴら（作り方はP.91と同様）
- いんげんの塩ゆで
- きゅうりとキャベツの塩もみ
- 梅干し

まぐろの甘辛煮
水、酒、醤油、砂糖、生姜の千切りを合わせた煮汁で甘辛く煮含める。

その六

海のおかずと、山のおかずから今日も元気をいただこう。

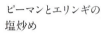

こんにゃくとベビーホタテの煮もの
こんにゃくとホタテを水、生姜の千切り、みりん、醤油で甘辛く煮含める。

ピーマンとエリンギの塩炒め

ちりめんじゃこと大葉のごはん
軽く醤油漬けしたちりめんじゃこと、大葉の千切りをごはんに混ぜる。

ミニトマト

豆腐のカレー焼き
小麦粉にカレー粉少々と塩適量を混ぜ、水切りした木綿豆腐にまぶしたら、油をひいたフライパンで全面をこんがり焼く。

その七

子どもも、大人も、彩りがきれいだとやっぱりうれしい。

枝豆ごはん
白いごはんに塩を少し振りかけ、ゆでてさやごと冷凍しておいた枝豆をのせる。冷凍枝豆は、夏場の保冷剤代わりにもなる。

車麩の野菜炒め
生姜のすりおろし、みりん、醤油で合わせた汁で車麩を戻して汁気をしぼる。小麦粉をはたいて両面を焼き、いったん取り出す。同じフライパンで細切りした玉ねぎと赤ピーマンを炒めたら車麩と合わせ、みりん、醤油で調味する。

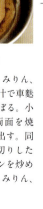

昆布の佃煮（P.14）

きゅうりの漬け物（P.12）

蓮根の梅和え
薄く切った蓮根をさっとゆで、刻んだ梅肉と和える。

その八 なんだか懐かしい、鮭のり弁。

りんご

ブロッコリーの塩ゆで

厚揚げの煮もの
厚揚げを水、みりん、醤油で甘辛く調味して煮含め、水分をしっかりとばし、かつお節をふりかける。

甘塩鮭の塩焼き
塩だけで漬けたものを選ぶ。

さつまいもの甘煮
鍋に入れたさつまいもにひたひたの水を注ぎ、塩少々、きび砂糖少々で水分がなくなるまで煮る。仕上げに柑橘類をしぼると美味しい。

焼きのりともちきび入りごはん
白米にもちきびを入れ、通常の水分量で炊いたごはん。切ったのりの片面に、醤油を付けて、ごはんの上にのせる。

その九 冷蔵庫の残り野菜を、全部蒸し器に詰めこんで。野菜たっぷりのおべんとう。

高野豆腐の照り焼き
水、みりん、醤油、おろし生姜を合わせた汁で高野豆腐を戻す。汁気をしぼりひと口大に切って、片栗粉をまぶす。ごま油で焼き色が付くまで全面を焼き、みりん、醤油少々をまわしかける。

蒸しじゃがいもと人参のマリネ
蒸したじゃがいもと人参を、油、塩、酢、適量で和える。

分づき米と黒米のごはん

市販の佃煮
食品添加物のなるべく少ないものを選ぶ。

ミニトマト

蒸しかぼちゃ
塩少々で味付け。

蒸しなす
醤油少々をたらす。

青菜のおひたし
ゆでた青菜を刻んで油、塩、醤油少々で和えたもの。

蒸し野菜
じゃがいも、人参、かぼちゃ、なす。それぞれ蒸し終わった後に、好みの調味料で味付けする。

103

その十

食が進み、食べごたえあり。油揚げを甘辛く煮たきつねべんとうです。

ちくわと人参と小松菜の炒めもの

ちくわは斜め切り、人参は薄い短冊切りに、小松菜は好きな長さに切る。固い人参から順に炒め、塩と醤油で味付けする。

かぼちゃの煮付け (P.45)

なすの蒸し焼き

なすを縦2等分に切り、皮目にかくし包丁を入れ、気持ち多めの油で両面を焼く。少し焦げ目がついたら水を少々加え、蓋をして蒸し焼きし、醤油で味を付ける。

油揚げの甘辛煮

油抜きした油揚げを細切りして鍋に入れ、ひたひたの水とみりん、醤油で甘辛く煮含める。汁気をよくきってからごはんにのせて、ごまを振る。

その十一

汁気の多いものは、ごはんにそわせて盛りつけると、汁もれ防止になります。

さつまいもごはん (P.61)

いか焼き

いかは、買ってきたその勢いで、ワタと軟骨をとり、食べやすく切って酒をふり、朝は焼くだけの状態にして冷蔵しておくと楽。油をひいたフライパンで炒め、生姜のすりおろし、みりん、醤油で甘辛く仕上げる。

玉ねぎと舞茸の炒めもの

玉ねぎは大きめに切り、舞茸はほぐす。少量の油で炒めて塩で味を付ける。

ほうれん草とかつお節の和えもの (P.83)

大豆とひじきの煮もの (P.22)

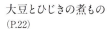

その十二

野菜をまとめて蒸して、色んな味付けで楽しもう。

- 小エビのふりかけ
  干し小エビをフライパンでから炒りし、ごはんの上にふりかけてから塩少々を振る。

- 椎茸の醤油焼き
  椎茸の軸をとり、少しの油で両面を焼き付けて醤油少々で味を付ける。

蒸し野菜
里芋、人参、玉ねぎ、ごぼう、さつまいも、ブロッコリー。それぞれ蒸し終わった後に、好みの調味料で味付けする。

蒸しさつまいも
塩少々で味付け。

蒸し里芋とごぼう
醤油少々をたらす。

蒸しブロッコリー
塩少々で味付け。

人参と玉ねぎのマリネ
蒸した人参と玉ねぎを油、塩、酢、適量で和える。

その十三

体調がいまいちで、食欲がない時におすすめです。つゆもれには気をつけて。

- ぶどう
- きゅうりの塩もみ
- ゆで枝豆（P.42）
- ミニトマト

そうめん
そうめんを30秒固めにゆで、ひと口分を箸に巻き付ける。ごまを振る。めんつゆは汁がもれない容器に入れて、食べる時にまわしかける。

子どものごはん──小児科医の目から

相澤扶美子

　これまでたくさんの子どもたちを見てきましたが、子どもが健康に過ごすために何が重要かと聞かれたら、私は第一に「食事」と答えます。そう思うようになったきっかけは、わが子のアレルギーです。おっぱいを飲むたびに体が赤くなる赤ちゃんとして生まれた長女は、生後1カ月頃にはひどい湿疹が顔やからだに広がり、生後3カ月の時、卵、乳製品アレルギーによるアトピー性皮膚炎と判明しました。

　悩んだ挙句辿り着いた治療法は、母である私自身の食生活の見直しです。それまでは、学校で教わった「バランスよい食事」が一番だと思っていました。これは、まずメインを肉料理か魚料理か考え、次に野菜入りの副菜を、最後に主食をごはんかパンか麺類かと決める（要はおかず中心の）食事です。しかし、この食事は本当に正解なのだろうか。そんな気づきが、私自身の食生活を劇的に変えることになりました。

　食生活を改善して母乳を与えた結果、長女の湿疹は何と数カ月で治ったのです。目からうろこでした。「湿疹を治す食事」、これは、「歯のバランス」にかなった食事、言い換えれば、伝統的な和食だったのです。

　動物は食性によって歯の形が違います。肉食動物は肉を引き裂くための犬歯、草食動物は草や植物を刻むための門歯（切歯）、穀物が主食の動物はすりつぶすための臼歯が発達しています。人間の大人の歯28本（親知らずを除く）のうち、臼歯は16本、門歯は8本、犬歯は4本です。この事実からすると、人間は穀物：野菜：肉や魚を4：2：1で食べる動物だと考えることができます。お米を中心に野菜と少しの肉・魚をとる伝統的な和食は、まさにこの「歯のバランス」にかなった食事なのです。

　最近の人たちの食べ方はどうでしょうか。大人も子どももおかず中心の食事であることが多いように感じます。「食事のバランス＝おかずのバランス」と思い込んでいるのです。私はこのようなおかず中心の食生活がアレルギー疾患や様々な病気の子どもを増やしているのではないかと考えています。ですから、診療の際は食事指導を重視しているわけです。

　小さい頃覚えた味は一生の味になります。これは、乳児期からの食べ方がとくに大切だということです。5味（甘味、塩味、苦味、酸味、うま味）のうち、甘味やうま味は誰でも好きになる味。だからあえて、子どもに覚えさせるのは後回しにします。とくに砂糖

あいざわ・ふみこ
医療法人想愛会サンクリニック小児科院長。「未病を治す（病気になる前に治す）」をモットーに、東洋医学と食事療法を取り入れた薬に頼らない治療を施す。小児科歴36年。一男二女、三人の子どもを育て上げた。長女のアレルギーをきっかけに、アレルギー性疾患児の治療に積極的に取り組む。

の甘さを先に与えることはNGです。甘味を先に覚えると、他の味を受けつけなくなってしまうからです。

赤ちゃんには

　赤ちゃんに味覚を上手に教えるには、「ありあわせ離乳食」をおすすめします。これは特別なレシピではなく、大人が食べるものの中から、赤ちゃんが食べられそうなものだけを与えるやり方です。生後5、6カ月を過ぎた赤ちゃんは、大人が食べているのを見て、口を動かし、よだれをよく出すようになります。この時期がスタートです。天然だしのきいた味噌汁の具の、野菜から始めましょう。味噌汁の塩分はよほど濃いものでなければ気にしなくて大丈夫です。味噌汁には大人のお椀軽く1杯で、平均的に約1gの塩が含まれますが、具の野菜にどれほどの塩がつくでしょうか。余裕があれば大人のおかずとして、薄味の煮ものを1品作りましょう。味噌汁や煮もので野菜を食べる練習ができたらおかゆを作ります。月齢が進んでいる場合は、柔らかいごはんで始めても大丈夫です。

　このようにして、乳児期から和食中心の食事で自然に5味を教えると、子どもは「歯のバランス」の食事にもすんなりと慣れます。

　よい食生活ができているかは、便をチェックするとわかります。というのも、おかず中心の食事だと便秘気味になるからです。赤ちゃんの便秘は、授乳中であれば、お母さんが「歯のバランス」にかなった食事を実践すると治ります。子どもも大人も、よい食生活をすればよい便が出ます。よい便とは、黄色っぽい茶色、大人ならバナナ2本分の大きさ、いきまずにストーンと出て、軽く水に浮く便です。毎日の便のチェックは食生活のチェック。ちなみに食生活を見直す前、頑固な便秘症だった私は、今では毎日よい便が出ます。

　赤ちゃんの頃から上手に5味を教え、和食系の味に慣れさせ、「歯のバランス」で食べる—ごはん、味噌汁が大好き、漬け物も食べ、飲みものは水に近いものをとらせる。このように育てると、子どもは健康になります。そして、毎日よい便が出ているか確認してください。何を好んで食べるようになるかは親の責任といえます。健康に生きるためのよい食習慣を作ってあげる、それが親の愛情ではないでしょうか。

おわりに

私たち「おかあさんの輪」の本を手に取ってくださり、
どうもありがとうございます。
子どものからだを考えることでつながった私たちは、
10年前に『子どもに食べさせたいおやつ』を刊行しました。
そして今回はごはんをテーマに、ようやくこの一冊をまとめました。

子どもたちは、いまでは大きく成長しています。
中学生、高校生、大学生! もいますよ。
みんな、からだの調子も随分良くなり、
それぞれの場所でがんばっています。
そして、子どもと一緒にお米と味噌汁を食べてきた私たちも、
ますます元気いっぱいです。

私たちが集まるときは、いつも何だかいいにおい……。
台所からはかつおだしの香りが立ち、
ガスコンロではやかんのお湯がシューシュー沸いています。
「子どもに何食べさせてるの?」
「それいいね、私も真似したいから教えて!」
お互いに気に入ったレシピや、からだにいいことの話題を交換しながら、
お茶を飲んだりごはんを食べたり、おしゃべりに花が咲きます。
この本は、そんなおしゃべりから生まれました。
掲載した料理は、子どもたちと普段食べている中で、
美味しくて、しかもからだが喜ぶ! と実感したものです。

毎日のごはん作りは、
決して華やかではないし、手間のかかることだけれど、
その積み重ねが子どもをすこやかに育てると、私たちは信じています。
そして、この本を読んでくださっているあなたも、
もう私たちの「輪」の仲間です。

さあ、一緒にごはんを作りましょう!

おかあさんの輪

飯島みどり　川田直美　川村志珠　木原彩子　草薙由紀子　熊谷千秋　桑山一美
小嶋真樹子　小橋磨宮　小林恵子　二村朝子　森田亜貴　山口理恵　(五十音順)

主な食材別さくいん

この本に掲載している料理で使用する食材のなかから、主なものを取り上げて分類し、五十音順にまとめました。毎日の献立にお役立てください。

野菜

赤しその葉…………57
いんげん…………31、38、101
枝豆…………42、102、105
えのきだけ…………75、88
エリンギ…………102
大葉…………102
オクラ…………11
かぶ…………82、87
かぼちゃ…………10、45、71、103、104
キャベツ…………10、34、41、46、48、88、95、99、101
きゅうり…………40、46、56、101、102、105
グリンピース…………23
ゴーヤー…………50
ごぼう…………11、62、64、91、105
小松菜…………65、87、88、104
さつまいも…………61、69、97、103、105
里芋…………64、82、84、105
椎茸…………34、38、65、68、96、105
しめじ…………46、53、66、88
じゃがいも…………11、24、28、32、54、70、80、
　　　　　　　　85、89、95、100、103
春菊…………68
生姜…………23、28、31、49、54、79、84、88
ズッキーニ…………46、53
スナップえんどう…99
大根…………54、64、69、83、94、95、97
大根の葉…………60、62
たけのこ…………19、20
玉ねぎ…………11、22、24、28、32、46、54、56、
　　　　　　　62、71、80、85、89、102、104、105
とうもろこし…………42、100、101
トマト…………50
長芋…………53
長ねぎ…………24、31、33、37、42、45、49、
　　　　　　　53、56、65、66、88、92

なす…………11、44、52、101、103、104
菜の花…………19
ニラ…………34、49、56、92
人参…………11、22、24、30、32、38、40、41、46、
　　　　　　54、56、61、62、64、66、68、73、80、
　　　　　　82、85、86、88、91、96、97、
　　　　　　99、100、101、103、104、105
にんにく…………46、49、54、56、71、80、92
白菜…………72、80、90、91、92
パプリカ…………56
万能ねぎ…………96
ピーマン…………44、100、101、102
ふき…………26
ブロッコリー…………80、103、105
ほうれん草…………30、83、104
舞茸…………24
水菜…………48、97
ミニトマト…………99、102、103、105
もやし…………40
モロヘイヤ…………42、53
蓮根…………34、38、54、62、78、97、101、102

魚介・海藻

あさり…………11
いか…………84、104
いわし…………41
塩蔵わかめ…………92、99
切り昆布(生)…………24
鮭(生・塩)…………66、103
さつま揚げ…………99
さわら…………38
さんま…………60
しらす…………33、37、48
助宗たら(スケトウダラ)の生たらこ
　　　　　　　…………70
たら…………88、92
ちくわ…………100、104

110

ちりめんじゃこ ······ 56、87、92、99、100、102

煮干し ··············· 13

ベビーホタテ ······· 23、72、102

ホタテ ··············· 92

まぐろ ··············· 101

豆あじ（小あじ）······ 27

わかめ ··············· 11

豆類・豆製品・卵

厚揚げ ··············· 62、103

油揚げ ··············· 11、20、22、26、28、37、38、42、
45、50、65、72、73、87、96、104

うずらの卵 ··········· 72

おから ··············· 34、96

高野豆腐 ··········· 30、86、103

大豆 ··············· 22、31、46、104

豆乳 ··············· 80、92

豆腐（絹ごし）······· 11、37、49、53、92

豆腐（木綿） ······· 11、33、37、45、66、68、102

納豆 ··············· 37、48

焼き豆腐 ··········· 65

乾物・加工品

青のり ··············· 37、48、100

梅干し ··············· 79、99、101、102

かつお節 ··············· 13、14、15、19、37、48、
54、83、99、101、104

乾燥ひじき ··········· 22、104

切り干し大根 ··········· 11、37、73、75

車麩 ··············· 21、50、101、102

小エビ（干）··········· 105

ごま（白・黒）········· 14、30、37、40、48、60、61、
62、68、69、80、83、91、92、
100、101、104、105

こんにゃく ··········· 22、31、62、68、95、102

昆布 ··············· 13、14、15、20、23、28、37、
46、73、87、90、94、102

白たき ··············· 23、24、61、65

仙台麩 ··········· 24

トマト缶（ホール）··· 46

のり ··············· 48、99、101、103

春雨 ··············· 24、40

干し椎茸 ··········· 14、15、49、62、64、86、91

ゆかり ··············· 100

米・穀類・粉類・麺類

赤米 ··············· 101

黒米 ··············· 103

玄米 ··············· 9

ごはん ··············· 30、48、52、62、72、92、99、
100、101、102、104、105

小麦粉 ··············· 27、34、45、50、52、54、64、66、
69、75、89、99、100、101、102

米 ··············· 20、23、28、38、61、101、103

そうめん ··········· 42、105

たかきび ··········· 101

ハトムギ ··········· 101

分づき米 ··········· 101、103

もちきび ··········· 101、103

果物

かりん ··············· 94

ぶどう ··············· 105

ゆず ··············· 90

りんご ··············· 103

参考文献

『家庭でできる自然療法』（東城百合子著・あなたと健康社）1978 年
『じょうぶな子どもをつくる基本食 子どもレシピ』（幕内秀夫著・主婦の友社）2001 年
『食品の裏側』（安部 司著・東洋経済新報社）2005 年
『そのサラダ油が脳と体を壊してる』
（山嶋哲盛著・ダイナミックセラーズ出版）2014 年
『体質と食物 健康への道』（秋月辰一郎著・クリエー出版部）1980 年
『日本食物史』（江原絢子、石川尚子、東四柳祥子著・吉川弘文館）2009 年
『免疫力を高める子どもの食養生レシピ』
（相澤扶美子、榊 玲里著・PHP 研究所）2015 年

子どもに
食べさせたい
すこやか
ごはん

2017年11月25日　初版第1刷発行
2019年2月4日　　第3刷発行

著者　おかあさんの輪
アートディレクション・デザイン　草薙伸行 (Planet Plan Design Works)
撮影　市来朋久
　　　おかあさんの輪（料理手順、P.10-11、P.98-105）
イラスト　大野八生
監修　相澤扶美子

発行者　阪東宗文
発行所　暮しの手帖社　東京都新宿区北新宿1-35-20
電話　03-5338-6011

印刷所　株式会社クリード

本書に掲載の図版、写真、記事の転載、ならびに複製、複写、放送、スキャン、デジタル化などの無断使用を禁じます。また、個人や家庭内の利用であっても、代行業者などの第三者に依頼してスキャンやデジタル化することは、著作権法上認められておりません。

落丁・乱丁がありましたらお取り替えいたします。

定価はカバーに表示してあります。

ISBN978-4-7660-0205-8　C2077
©2017 Okaasannowa Printed in Japan